"十四五"高等职业教育规划教材辅导用书

成本会计习题与模拟实训

(第6版)

黄贤明 编著

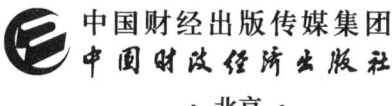

中国财经出版传媒集团
中国财政经济出版社
·北京·

图书在版编目（CIP）数据

成本会计习题与模拟实训 / 黄贤明编著. -- 6版. -- 北京 : 中国财政经济出版社, 2025. 8. -- ISBN 978-7-5223-3867-5

Ⅰ. F234.2-44

中国国家版本馆CIP数据核字第202519W2R9号

责任编辑：李　媛　　　　责任校对：张　凡
封面设计：陈宇琰　　　　责任印制：史大鹏

成本会计习题与模拟实训（第 6 版）
CHENGBEN KUAIJI XITI YU MONI SHIXUN（DI 6 BAN）

中国财政经济出版社 出版

URL：http://www.cfeph.cn

E‐mail：cfeph@cfeph.cn

（版权所有　翻印必究）

社址：北京市海淀区阜成路甲 28 号　邮政编码：100142
营销中心电话：010 - 88191522
天猫网店：中国财政经济出版社旗舰店
网址：https://zgczjjcbs.tmall.com
固安华明印业有限公司印刷　各地新华书店经销
成品尺寸：185mm×260mm　16 开　9.75 印张　221 000 字
2025 年 8 月第 6 版　2025 年 8 月河北第 1 次印刷
定价：24.00 元
ISBN 978 - 7 - 5223 - 3867 - 5
（图书出现印装问题，本社负责调换，电话：010 - 88190548）
本社质量投诉电话：010 - 88190744
打击盗版举报热线：010 - 88191661　　QQ：2242791300

前 言

为深入贯彻党的教育方针，全面落实立德树人根本任务，将新时代中国特色社会主义思想融入成本会计教学全过程，培养德智体美劳全面发展的社会主义建设者和接班人；巩固成本会计课堂理论教学成果，掌握成本核算的基本流程与账务处理程序，更好地配合《成本会计》（第6版）的使用，在中国财政经济出版社统筹指导下，我们对《成本会计习题与模拟实训》（第5版）进行了修订。

本次修订的主要内容是：

1. 为方便学员自主学习，在"第一部分练习题"各章内的"重点、难点提示"后面增加"学习指南"。

2. 为及时反映我国现行财经法规制度，根据财政部制定发布的《管理会计应用指引第301号——目标成本法》在第五章中增加了"目标成本法"的内容。

3. 对本书第5版中陈旧内容以及错误之处都做了更正。

此次修订工作由黄贤明副教授执笔并进行总纂，参与此次修订工作的还有周涛副教授、陈静副教授和刘鹤老师。

由于编者水平有限，修订后的《成本会计习题与模拟实训》错误和不足之处在所难免，恳请读者批评指正。

编 者

2025 年 7 月

目 录

第一部分 练习题

第一章 概 述 …………………………………………………………………… （1）
第二章 成本核算的基础工作和费用的分类 ……………………………………… （11）
第三章 成本核算的一般程序和生产费用的归集与分配 ………………………… （19）
第四章 产品成本计算的基本方法 ………………………………………………… （37）
第五章 产品成本计算的辅助方法 ………………………………………………… （55）
第六章 产品成本、费用报表的编制与分析 ……………………………………… （68）

第二部分 模拟实训

实训一 成本核算的一般程序模拟实训 …………………………………………… （81）
实训二 原材料费用的分配模拟实训 ……………………………………………… （85）
实训三 辅助生产费用的归集与分配模拟实训 …………………………………… （88）
实训四 废品损失的归集与分配模拟实训 ………………………………………… （91）
实训五 期间费用的归集、结转与分配模拟实训 ………………………………… （93）
实训六 生产费用在完工产品与在产品之间的分配模拟实训 …………………… （97）
实训七 品种法模拟实训 …………………………………………………………… （101）
实训八 分批法模拟实训 …………………………………………………………… （109）
实训九 分步法模拟实训 …………………………………………………………… （117）
实训十 分类法模拟实训 …………………………………………………………… （127）
实训十一 定额法模拟实训 ………………………………………………………… （131）
实训十二 作业成本法模拟实训 …………………………………………………… （140）
实训十三 产品成本报表的编制与分析模拟实训 ………………………………… （145）

参考书目 ……………………………………………………………………………… （148）

第一部分
练 习 题

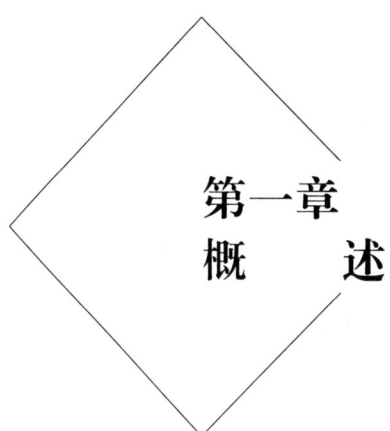

第一章 概述

● **思维导图**

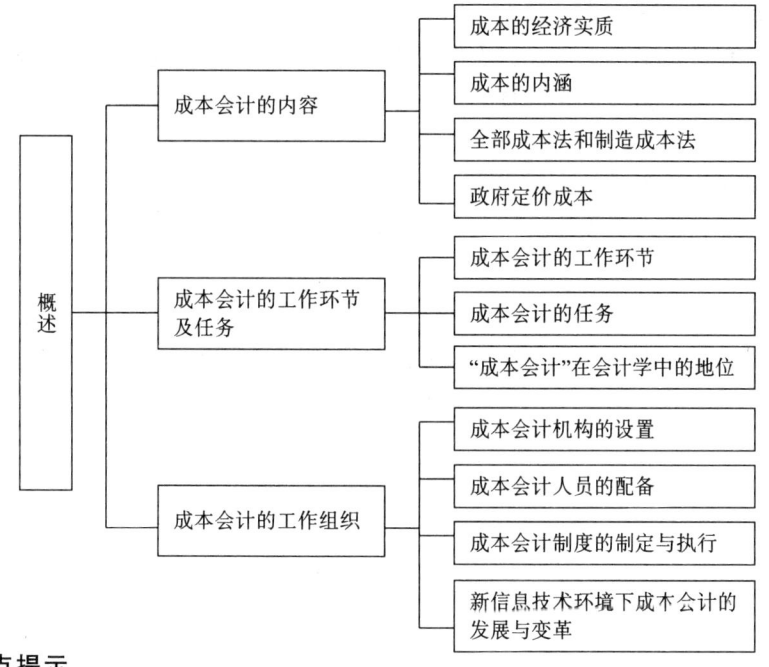

● **重点、难点提示**

本章重点:

1. 成本的经济实质可以概括为生产经营过程中所耗费的生产资料转移的价值和劳动者为自己劳动所创造的价值的货币表现,也就是企业在生产经营过程中所耗费资金的总和。

2. 制造业企业成本会计的内容,即产品的生产成本和期间费用。

3. 成本会计的工作环节和任务。成本会计的任务是成本会计工作的具体化,也是人们期望成本会计应达到的目的和对成本会计的要求。

本章难点：
1. 成本的经济实质和实际工作中的成本开支范围的区别。
2. 以全部成本法和制造成本法计算产品成本的内容和特点。
3. 政府定价成本的界定。

● 学习指南

如何全面、准确地理解和掌握成本会计的有关基本理论问题，从而为本教材学习打下扎实的基础，是本章学习最基本的目的。因此，与成本会计内容和成本会计在企业经营管理中所担负的职能、任务等有关问题应该成为本章学习的重点，具体来说，以下几个方面的内容应该作为重点认真仔细地学习。

一、商品成本的经济实质和作用

通过学习学生必须理解和掌握：①成本是构成商品价值的重要组成部分；②成本具有耗费性，即在商品的生产经营过程中所耗费的各种费用的总和；③成本具有补偿性，即成本是商品生产者为维持简单再生产所应确认的补偿尺度；④成本对于企业的生产经营管理和决策具有极为重要的作用。

二、成本会计的对象

其主要内容包括：①从现行会计法规制度出发应如何概括和理解工业企业以及其他行业企业成本会计的对象；②从企业内部生产经营管理和决策的需要出发应如何概括成本会计的对象。

三、成本会计的任务

成本会计的职能和成本会计的任务是两个密切相关的问题。因此，可以将两个问题结合起来学习。

四、成本会计的组织

其主要内容包括：①企业成本会计的工作组织应该考虑哪些方面的问题；②成本会计机构一般应如何设置以及企业内部成本会计机构之间的工作组织及工作方式；③成本会计人员应具备的素质、应履行的职责、应有权限；④成本会计制度的组成；⑤新信息技术环境下成本会计的发展与变革等。

练 习 题

一、名词解释

1. 成本的经济实质

2. 全部成本法

3. 成本会计的任务

4. 集中工作方式

5. 成本会计制度

6. 产品生产成本

7. 制造成本法

8. 政府定价成本

二、**单项选择题**（在下列备选答案中选出一个正确的答案，并将序号字母填在括号内）

1. 构成商品理论成本的是（　　）。
   A. 已耗费的生产资料转移的价值（c）
   B. 劳动者为自己劳动所创造的价值（v）
   C. 劳动者为社会劳动所创造的价值（m）
   D. 所耗费的生产资料转移的价值和劳动者为自己劳动所创造的价值（c+v）
2. 在实际工作中，成本的开支范围与理论成本包括的内容是有一定差别的，一般来说是由（　　）。
   A. 企业结合自身的经营特点来界定
   B. 企业同国家有关部门协商界定
   C. 国家通过有关法规制度来界定
   D. 国家责成企业结合自身的经营特点研究决定
3. 将企业生产经营中所发生的全部生产费用全部对象化，计入产品成本的成本计算方法是（　　）。
   A. 制造成本法　　　　　　　　B. 作业成本法
   C. 标准成本法　　　　　　　　D. 全部成本法

4. 成本会计工作的核心是( )。
   A. 成本预测　　　　　　　　　B. 成本核算
   C. 成本分析　　　　　　　　　D. 成本决策
5. 小企业为了提高成本会计工作的效率和降低成本管理的费用,一般采用( )方式。
   A. 自由工作　　　　　　　　　B. 分散工作
   C. 集中与分散相结合　　　　　D. 集中工作
6. 成本的经济实质是( )。
   A. 已耗费的生产资料转移的价值和劳动者为自己劳动所创造的价值的货币表现
   B. 企业在生产经营中所支出的生产费用
   C. 劳动者为社会劳动所创造的价值的货币表现
   D. 劳动者为自己劳动所创造的价值的货币表现
7. 制造业企业成本会计的内容是指( )。
   A. 制造业企业生产经营过程中发生的产品生产成本和期间费用
   B. 制造业企业各项期间费用的支出
   C. 制造业企业生产经营过程中发生的产品生产成本
   D. 制造业企业在生产经营过程中发生的各项支出
8. 企业作为制定产品价格重要依据的成本是( )。
   A. 期间费用　　　　　　　　　B. 制造费用
   C. 全部成本　　　　　　　　　D. 制造成本
9. 一般而言,规模较大、组织结构复杂、会计人员较多的大中型企业各级成本会计机构之间的组织分工应采用( )方式。
   A. 集中工作　　　　　　　　　B. 分散工作
   C. 集中与分散相结合　　　　　D. 自由工作
10. 成本会计机构和成本会计人员忠实地履行自己的职责,认真完成成本会计的各项任务,应在( )。
    A. 企业总会计师的领导下进行
    B. 企业会计主管人员的领导下进行
    C. 企业总会计师和会计主管人员的领导下进行
    D. 国家管理机关的领导下进行

三、多项选择题(在下列备选答案中选出 2~5 个正确的答案,并将序号字母填在括号内)

1. 构成商品的理论成本有( )。
   A. 已耗费的生产资料转移价值(c)
   B. 劳动者为社会劳动所创造的价值(m)
   C. 劳动者为自己劳动所创造的价值(v)
   D. 剩余劳动所创造的价值

E. 必要的劳动所创造的价值
2. 制造成本法下，下列应计入产品成本的有（　　）。
A. 原材料　　　　　　　　　　B. 生产人员薪酬
C. 机器设备折旧费　　　　　　D. 销售费用
E. 管理费用
3. 一般来说，企业组织成本会计工作应根据（　　）来执行。
A. 本单位生产经营的特点
B. 本单位生产规模的大小和机构设置
C. 成本管理的要求
D. 国家宏观调控的需要
E. 有关方面了解企业经营状况的需要
4. 企业内部各级成本会计机构之间的组织分工的基本方式有（　　）。
A. 自由工作方式　　　　　　　B. 集中工作方式
C. 分散工作方式　　　　　　　D. 集中与分散相结合工作方式
E. 领导与被领导工作方式
5. 分散工作方式的优点有（　　）。
A. 可以减少成本会计机构的层次和成本会计人员的数量
B. 便于成本的及时控制和责任成本制的推行
C. 便于集中使用计算机进行成本数据处理
D. 便于企业的各单位和职工及时掌握本单位的成本信息
E. 便于厂部成本会计机构及时掌握整个企业与成本有关的全面信息
6. 成本会计人员（　　）。
A. 应在企业总会计师和会计主管人员的领导下，忠实履行职责，认真完成成本会计任务
B. 从降低成本、提高经济效益的角度出发，有权参与制定企业生产经营决策
C. 向有关人员和职工宣传解释国家的有关方针、政策和制度
D. 有权督促检查企业各单位对成本计划和有关法规、制度和财经纪律的执行情况
E. 应该深入实际，注意发现成本管理中存在的问题并提出改进建议和意见
7. 企业制定成本会计制度应遵循的国家有关法律、法规和制度有（　　）。
A.《中华人民共和国会计法》　　B.《企业金融保险制度》
C.《企业会计准则》　　　　　　D.《企业内部控制制度》
E.《银行结算制度》
8. 成本会计制度一般应包括的内容有（　　）。
A. 成本控制制度
B. 成本核算制度
C. 成本定额的制度和成本计划编制的制度
D. 内部结算价格和结算办法的制度
E. 成本报表的制度
9. 全部成本法下，下列应计入产品成本的有（　　）。

A. 原材料 B. 职工薪酬
C. 机器设备折旧费 D. 销售费用
E. 管理费用

10. 成本会计的工作环节包括(　　)。
A. 成本预测和决策 B. 成本计划
C. 成本控制 D. 成本核算
E. 成本考核和分析

11. 成本会计工作的组织主要包括(　　)。
A. 设置成本会计机构 B. 配备必要的成本会计人员
C. 组织成本核算 D. 进行成本预测和决策
E. 制定科学、合理的成本会计制度

12. 集中工作方式的优点有(　　)。
A. 便于成本的及时控制和责任成本制的推行
B. 便于企业各单位和职工及时掌握本单位的成本信息
C. 便于厂部成本会计机构及时掌握整个企业与成本有关的全面信息
D. 便于集中使用电子计算机进行成本数据处理
E. 可以减少成本会计机构的层次和成本会计人员的数量

四、不定项选择题（在下列备选答案中选出 1~5 个正确的答案，并将序号字母填在括号内）

1. 下列各项中，不构成产品价值组成部分是(　　)。
A. 已耗费的生产资料转移的价值（c）
B. 已耗费的非生产资料转移的价值（n）
C. 劳动者为自己劳动所创造价值（v）
D. 劳动者为社会劳动所创造的价值（m）
E. 已耗费的生产资料转移的价值和劳动者为自己劳动所创造的价值（c+v）

2. 下列关于成本的经济内容说法中正确的有(　　)。
A. 成本的形成是以某种目标为对象的
B. 成本是为实现一定的目标而发生的耗费
C. 成本是为取得利润所发生的对象化的劳动价值
D. 成本是对社会资源消耗的补偿
E. 成本是为实现企业财富最大化所付出的消耗

3. 现有会计的三个主要领域是(　　)。
A. 财务会计 B. 成本会计
C. 管理会计 D. 基础会计
E. 高级会计

4. 进行成本核算时一般应遵循的原则包括(　　)。
A. 实际成本计价原则 B. 重要性原则

C. 权责发生制原则　　　　　　D. 合法性原则
E. 收付实现制原则

五、判断说明题（正确的打"√"，错误的打"×"并说明理由）

1. 从理论上讲，商品价值中的补偿部分即 c + v，就是商品的理论成本。　　（　　）
2. 在实际工作中，成本的开支范围是由企业结合自身生产经营的特点来界定的。
（　　）
3. 成本会计工作的核心是进行成本核算。　　（　　）
4. 企业应根据单位生产经营的特点、生产规模的大小和成本管理的要求等具体情况来组织成本会计工作。　　（　　）
5. 成本的经济实质是生产经营过程中所耗费的生产资料转移价值的货币表现。（　　）
6. 制造业企业成本会计的内容，概括地讲就是生产成本的形成过程。　　（　　）
7. 成本会计工作的环节包括：成本的预测、决策、计划、控制、核算、考核和分析。
（　　）

六、业务核算题

【目的】练习运用不同的方法计算产品成本。

【资料】天拓公司本月只生产 KV121 一种产品 200 件，全部完工。生产产品消耗原材料 12 000 元，燃料和动力 1 000 元，生产人员薪酬 2 000 元，车间经费 1 800 元，管理费用 1 400 元，财务费用 1 000 元，产品对外销售发生销售费用 3 000 元。

【要求】请分别按全部成本法和制造成本法计算产品成本，并确定制定产品销售价格所依据的单位产品的政府定价成本。

七、简述题

1. 简述成本会计的经济实质。

2. 简述理论成本与实际工作中成本开支范围的区别。

3. 简述我国政府定价成本的内容。

4. 简述成本会计的任务。

第二章
成本核算的基础工作和费用的分类

● **思维导图**

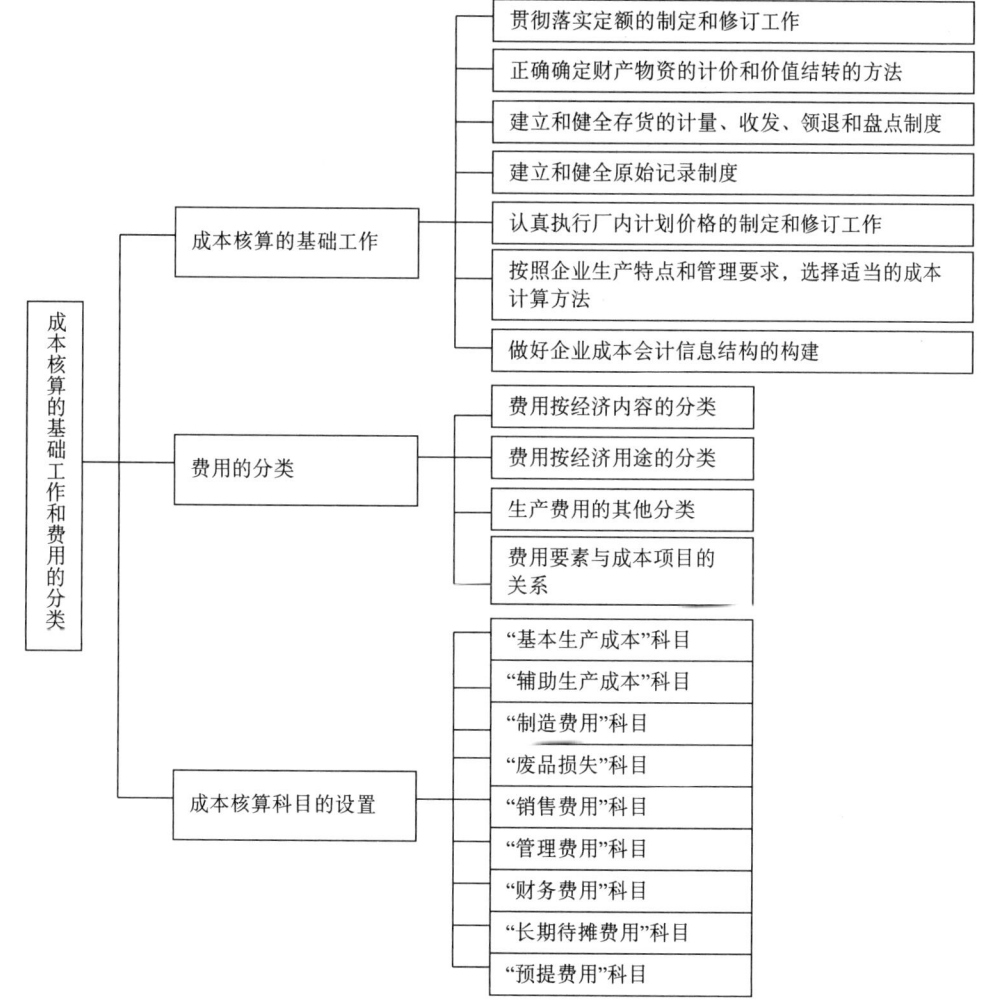

● 重点、难点提示

本章重点：

1. 费用的分类。制造业企业生产过程中的耗费是多种多样的，为了科学地进行成本管理，正确计算产品成本和期间费用，需要对种类繁多的费用进行合理分类，费用可以按不同的标准分类，其中最基本的是按费用的经济内容和经济用途分类。

2. 成本核算应设置的主要会计科目。为了进行成本核算，企业一般应设置"基本生产成本""辅助生产成本""制造费用""废品损失""长期待摊费用""预提费用""销售费用""管理费用""财务费用"等总账科目，并根据核算的需要设置相应的明细科目。

本章难点：

1. 成本核算的基础工作，为了加强成本审核、控制，正确、及时地计算产品成本和期间费用，确保成本核算工作的顺利开展，企业应做好相应的基础工作。

2. 费用的分类。

3. 通过本章的内容理解成本核算的一般程序图。

● 学习指南

由于本章的内容大多数涉及成本核算的原理问题，属于成本核算的基础性理论。本章的学习目的在于为以后几章的成本核算实务和成本核算方法的学习做好理论上的准备，业务上打好基础。因此，应将本章的以下几个方面的问题作为重点，详细加以理解：

1. 费用按经济内容的分类、费用按经济用途的分类以及生产费用的其他分类，这三个方面的内容属于成本核算的基础性理论，与成本核算中账户的设置、成本项目和费用的设置以及费用的归集和分配等方面的内容都有着极为密切的关系。因此，应详细理解。

2. 为了加强成本审核、控制，正确、及时地计算成本，应该做好各项基础工作。为加强成本控制和及时、正确地核算成本，需要企业做好的基础工作主要有七个方面，学生在学习这些方面的内容时，可在教材所述内容的基础上，适当通过互联网或教师课堂讲解进行相关知识的学习，对各项基础工作有较为具体的了解。

3. 成本核算应设置的主要会计科目。成本核算所涉及的会计科目较多，由于学生已经具备初级会计学和财务会计学的基础，对于一些会计科目的性质、用途和结构等已经有了比较深入的了解，并且有的会计科目在以后章节中还要重点学习，本章所介绍的这些会计科目是为了帮助学生从总体上对成本核算程序有一个概括性的了解，所以在这里不必对每一个会计科目都做全面、详细的理解。

练 习 题

一、名词解释

1. 职工薪酬

2. 直接材料

3. 燃料和动力

4. 直接人工

5. 制造费用

6. 销售费用

7. 管理费用

8. 财务费用

9. 直接生产费用

10. 间接生产费用

11. 直接计入费用

12. 间接计入费用

二、单项选择题（在下列备选答案中选出一个正确的答案，并将序号字母填在括号内）

1. 下列各项中属于费用要素的是（　　）。
   A. 原材料　　　　　　　　　　B. 燃料和动力
   C. 职工薪酬　　　　　　　　　D. 制造费用
2. "直接人工"成本项目是指（　　）。
   A. 全体职工的工资及福利费
   B. 管理人员工资及福利费
   C. 直接参加产品生产的工人工资及福利费等
   D. 销售机构人员的工资及福利费
3. 下列各项中，不能或不便于直接计入产品成本的费用是（　　）。
   A. 原材料　　　　　　　　　　B. 燃料和动力
   C. 生产工人薪酬　　　　　　　D. 制造费用
4. 下列各项中不应计入产品成本的费用是（　　）。
   A. 车间设备的修理费　　　　　B. 职工的生活困难补助费
   C. 车间管理人员的工资　　　　D. 车间管理用房的折旧
5. 下列各项中，属于"基本生产成本"科目核算的内容是（　　）。
   A. 按规定支付的印花税和车船使用税
   B. 制造业企业为进行基本生产而发生的各项生产费用
   C. 行政管理部门发生的各项费用
   D. 销售产品发生的费用
6. 制造业企业费用分类的标准很多，其中最基本的分类是（　　）。
   A. 生产费用按与生产工艺的关系分类
   B. 生产费用按计入产品成本的方法分类
   C. 生产费用按产品的品种分类
   D. 费用按经济内容和经济用途分类
7. 下列各项中属于产品成本项目的是（　　）。
   A. 直接人工　　　　　　　　　B. 提取的职工薪酬
   C. 利息支出　　　　　　　　　D. 外购材料
8. 下列各项中能直接计入产品成本的费用是（　　）。
   A. 制造费用　　　　　　　　　B. 直接人工
   C. 管理费用　　　　　　　　　D. 销售费用
9. 下列各项中应计入产品成本的费用是（　　）。
   A. 行政管理人员薪酬　　　　　B. 职工教育经费

C. 生产工人薪酬　　　　　　　　　D. 专设销售机构人员薪酬
10. 下列会计科目中，年末余额不转入"本年利润"科目的是（　　）。
   A. 销售费用　　　　　　　　　　　B. 管理费用
   C. 财务费用　　　　　　　　　　　D. 制造费用

三、多项选择题（在下列备选答案中选出2～5个正确的答案，并将序号字母填在括号内）

1. 下列各项中属于间接生产费用的有（　　）。
   A. 分厂、车间管理人员的薪酬　　　B. 生产工人薪酬
   C. 行政管理人员薪酬　　　　　　　D. 修理期间的停工损失
   E. 销售机构人员薪酬
2. 下列各项中属于期间费用的有（　　）。
   A. 销售费用　　　　　　　　　　　B. 管理费用
   C. 财务费用　　　　　　　　　　　D. 制造费用
   E. 折旧费用
3. 下列各项中属于管理费用核算内容的有（　　）。
   A. 委托代销手续费　　　　　　　　B. 厂部管理人员薪酬
   C. 生产车间保险费　　　　　　　　D. 工会经费
   E. 废品损失
4. 生产费用按计入产品成本的方法可以分为（　　）。
   A. 直接生产费用　　　　　　　　　B. 直接（计入）费用
   C. 间接生产费用　　　　　　　　　D. 间接（计入）费用
   E. 期间费用
5. 为了加强成本审核、控制，正确、及时地计算成本，企业应做好的基础工作包括（　　）。
   A. 贯彻落实定额的制定和修订工作
   B. 建立和健全存货的计量、收发、领退和盘点制度
   C. 建立和健全原始记录制度
   D. 认真执行厂内计划价格的制定和修订工作
   E. 正确确定财产物资的计价和价值结转的方法
6. 下列各项中属于费用要素的有（　　）。
   A. 外购材料　　　　　　　　　　　B. 职工薪酬
   C. 生产工人薪酬　　　　　　　　　D. 制造费用
   E. 折旧费
7. 下列各项中属于产品成本项目的有（　　）。
   A. 外购材料　　　　　　　　　　　B. 原材料
   C. 燃料和动力　　　　　　　　　　D. 职工薪酬
   E. 制造费用

8. 下列各项中不能计入产品成本的费用有( )。
   A. 车间设备的折旧费　　　　　　B. 车间的劳动保护费
   C. 已按规定缴纳的增值税　　　　D. 按规定支付的金融机构的手续费
   E. 燃料和动力费
9. 制造费用包括企业内部生产单位的( )。
   A. 设计制图费及实验检验费　　　B. 劳动保护费及保险费
   C. 季节性或修理期间的停工损失　D. 固定资产折旧费
   E. 管理人员工资及福利费
10. 生产费用按与生产工艺的关系可以分为( )。
    A. 直接生产费用　　　　　　　　B. 直接（计入）费用
    C. 间接生产费用　　　　　　　　D. 间接（计入）费用
    E. 期间费用

四、不定项选择题（在下列备选答案中选出 1～5 个正确的答案，并将序号字母填在括号内）

1. 费用按其经济内容分类，可划归为( )。
   A. 劳动资料方面的费用　　　　　B. 劳动价值方面的费用
   C. 劳动对象方面的费用　　　　　D. 劳动手段方面的费用
   E. 活劳动方面的费用
2. 与成本会计工作有关的原始记录包括( )。
   A. 产品生产方面的原始记录
   B. 企业生产经营过程中材料、物资方面的原始记录
   C. 企业生产经营过程中活劳动耗费方面的原始记录
   D. 企业固定资产方面的原始记录
   E. 财务会计方面的原始记录
3. 下列关于费用要素与成本项目的关系的说法中，正确的有( )。
   A. 费用要素与成本项目的经济内涵是一致的
   B. 有些要素费用与成本项目在名称上相似，但反映的具体内容不同
   C. 要素费用只反映当期发生的费用，而产品成本可能包括几个时期的生产费用
   D. 成本项目是对象化的费用要素
   E. 计入成本项目的费用称为费用要素
4. 下列成本核算科目中，月末可能有余额的有( )。
   A. 制造费用　　　　　　　　　　B. 管理费用
   C. 财务费用　　　　　　　　　　D. 废品损失
   E. 辅助生产成本
5. 企业为筹集生产经营所需资金等而发生的筹资费用，包括( )。
   A. 利息支出（减利息收入）　　　B. 商业折扣
   C. 汇兑损益　　　　　　　　　　D. 金融机构手续费
   E. 现金折扣

五、判断说明题（正确的打"√"，错误的打"×"并说明理由）

1. 费用按照经济内容可分为生产费用和期间费用。（　　）
2. 生产工人薪酬是费用要素。（　　）
3. 固定资产折旧费全部计入产品的成本。（　　）
4. 企业计入期间费用的利息支出（减利息收入后的净额）是费用要素。（　　）
5. 制造费用是指间接用于产品生产的各项费用。（　　）
6. 制造业企业的销售费用仅指企业在产品销售过程中发生的各项费用。（　　）
7. 制造业企业生产经营过程中发生的费用是多种多样的，其中最基本的分类是按费用与生产工艺的关系分类。（　　）
8. 期间费用按经济用途可分为销售费用、管理费用和财务费用。（　　）
9. 制造费用和废品损失属于产品成本项目。（　　）
10. 企业在某一会计期间实际所发生的费用总和，不一定等于该会计期间产品成本的总和。（　　）
11. 间接计入费用，是指间接用于产品生产的各项费用。（　　）

六、业务核算题

【目的】练习费用要素和产品成本项目的计算。

【资料】华能制造有限责任公司2024年4月为进行产品生产而发生下列业务：耗用外购主要材料125 000元、外购辅助材料40 000元、外购低值易耗品35 000元。其中生产甲产品耗用外购主要材料75 000元、外购辅助材料25 000元、自制材料10 000元，生产工人工资40 000元；基本生产车间一般消耗外购主要材料25 000元、辅助材料15 000元、低值易耗品35 000元，车间设备折旧费2 500元，车间管理人员工资30 000元；厂部管理人员工资50 000元、厂部办公用房及其设备折旧费27 500元。本月公司实际发生职工福利费分别为：生产工人福利费5 600元，车间管理人员福利费4 200元，厂部管理人员福利费7 000元。

【要求】

（1）计算费用要素：外购材料、折旧费、职工薪酬的金额。

（2）计算产品成本项目：直接材料、直接人工和制造费用的金额。

七、简述题

1. 简述成本核算基础工作的内容。

2. 制造业企业的费用可以按照哪几种标准进行分类?

3. 将费用划分为若干个要素的作用是什么?

4. 制造业企业应设置哪些成本项目?

第三章
成本核算的一般程序和生产费用的归集与分配

● 思维导图

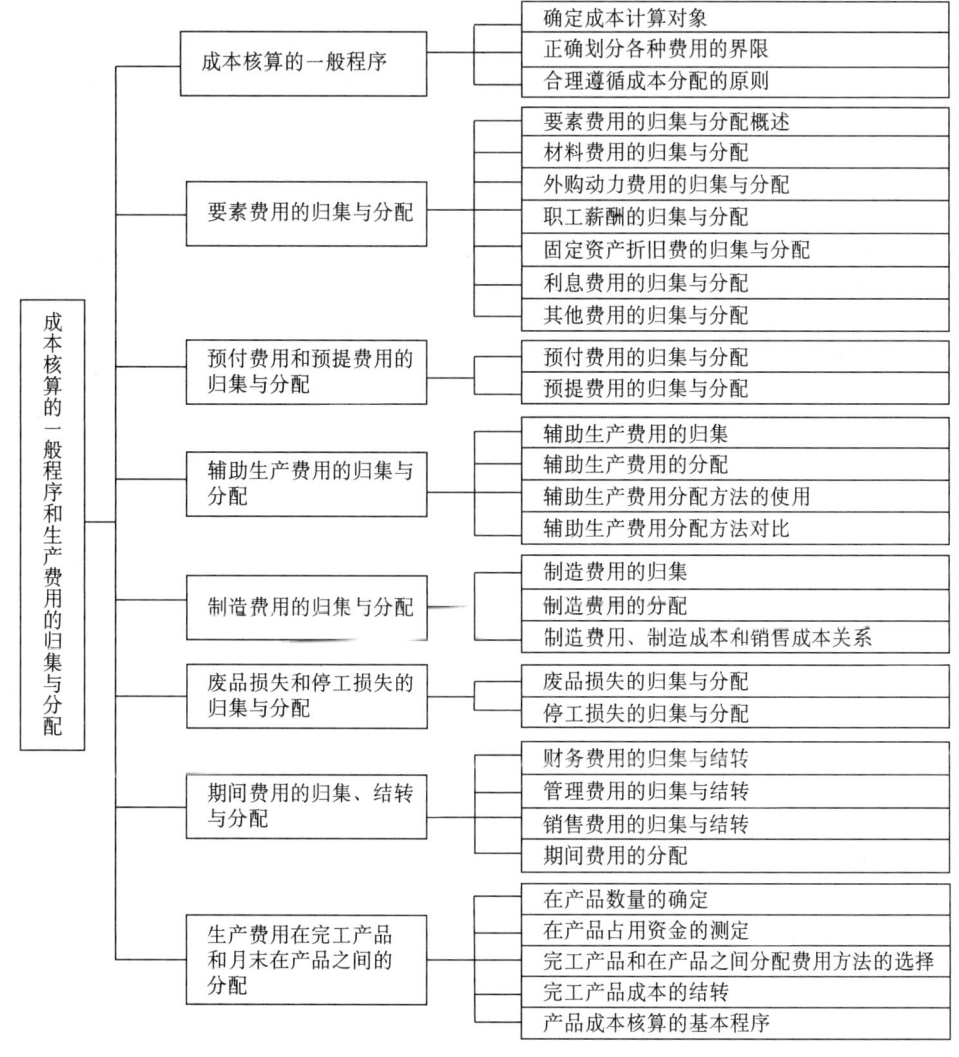

● **重点、难点提示**

本章重点：

1. 各种要素费用的分配。
2. 辅助生产费用的归集与分配。
3. 制造费用的归集与分配。
4. 生产费用在完工产品和月末在产品之间的分配。

本章难点：

1. 原材料费用的分配。
2. 各种辅助生产费用分配方法的特点。
3. 制造费用的内容和分配方法。
4. 生产费用在完工产品和月末在产品之间各种分配方法的特点和适用条件。

● **学习指南**

本章篇幅大、内容多，共分八节。第一节首先阐述了成本核算的一般程序；第二节至第七节讲解了费用在各种产品之间的分配与归集以及期间费用的核算（也称为生产费用的横向分配）；第八节讲解了费用在完工产品和月末在产品之间的分配方法（也称为生产费用的纵向分配），并对产品成本核算的主要账务处理进行了总结。实际上，第二节至第八节是对第一节成本核算的一般程序的具体化，其核心内容是以产品品种为成本计算对象，具体介绍生产费用的横向分配和纵向分配的程序和方法，其解决的是各种类型生产中成本核算的共同性问题。需要重点掌握的内容包括：

1. 成本核算的一般程序和为正确计算产品成本和期间费用，必须正确划分的四个方面的费用界限以及防止的错误做法。

2. 要素费用的归集和分配。要素费用的归集和分配的概述部分讲述了要素费用归集和分配的基本原理，应重点加以学习和理解。在此基础上，应逐一认真学习具体要素费用（包括材料费用、外购动力费用、职工薪酬、固定资产折旧费、利息费用以及其他费用）的归集和分配，以加深对基本原理的理解，并切实掌握每种要素费用的归集和分配方法。在具体要素费用的归集和分配中，又以原材料费用和职工薪酬为重点。

3. 预付费用和预提费用的归集和分配。预付和预提是对支付期和受益期不一致的费用的一种处理方法。在学习中，应认真理解并掌握预付费用和预提费用各自的含义、性质、特点和内容，在此基础上还要准确把握2006年发布的企业会计准则对预付费用和预提费用的会计核算。

4. 辅助生产费用的归集和分配。首先，要了解辅助生产费用的性质和内容；其次，要掌握辅助生产费用的归集程序；最后，重点掌握辅助生产费用的五种分配方法（直接分配法、顺序分配法、交互分配法、代数分配法和计划成本分配法），不仅要掌握这五种方法各自的特点、分配程序、优缺点以及适用条件，还应进行相互比较，以便加深理解。

5. 制造费用的归集和分配。首先，要全面了解制造费用的性质和内容；其次，要掌握制造费用的归集程序；最后，重点学习制造费用的四种分配方法（生产工时比例法、生产工人工资比例法、机器工时比例法和按年度计划分配率分配法），同时特别要关注在生产智能化、数字化和人工智能在财务领域的广泛运用后制造费用的分配方法必然会发生较大的变化。

6. 废品损失和停工损失的归集和分配。在学习过程中,要注意比较不可修复废品损失和可修复废品损失核算程序上的异同。停工损失应重点讲述在不同情况下应结转的相应科目。

7. 期间费用的归集和分配。期间费用是与产品成本相对的,它是指企业发生的与产品生产活动没有直接联系的各项费用,直接作为某期间的费用计入当期损益。期间费用核算简单,按月归集,月末结转。但是,根据《中华人民共和国国家发展和改革委员会第42号令》的规定,期间费用应和制造成本一起作为企业产品定价的依据。在企业只经营一种定价商品且没有多种经营的情况下,期间费用是不需要分配的。但如果企业是多种经营,就需要将共同的期间费用按一定的比例关系将其分配到定价商品的成本中。

8. 生产费用在完工产品和月末在产品之间的分配。学习本节时,首先要注意在产品数量的确定,期末在产品的数量是否准确,直接关系到完工产品与在产品之间费用的分配。其次是完工产品与在产品之间分配费用的七种方法(不计算在产品成本法、按年初数固定计算在产品成本法、在产品按完工产品成本计算法、在产品按所耗原材料费用计价法、在产品按定额成本计价法、约当产量比例法、定额比例法)的合理选择,其中在产品按定额成本计价法、约当产量比例法、定额比例法三种方法难度大,学习时应重点关注。最后是完工产品成本的结转。

练 习 题

一、名词解释

1. 成本计算对象

2. 周转材料

3. 包装物

4. 低值易耗品

5. 一次摊销法

6. 五五摊销法

7. 职工福利费

8. 预付费用

9. 预提费用

10. 直接分配法

11. 顺序分配法

12. 交互分配法

13. 代数分配法

14. 计划成本分配法

15. 生产工时比例法

16. 机器工时比例法

17. 按年度计划分配率分配法

18. 生产中的废品

19. 废品损失

20. 可修复废品

21. 不可修复废品

22. 停工损失

23. 在产品

24. 不计算在产品成本法

25. 按年初数固定计算在产品成本法

26. 在产品按完工产品成本计算法

27. 在产品按所耗原材料费用计价法

28. 约当产量

29. 约当产量比例法

30. 定额比例法

二、单项选择题（在下列备选答案中选出一个正确的答案，并将序号字母填在括号内）

1. 用于产品生产的低值易耗品，其摊销价值应计入（　　）。
   A. 基本生产成本　　　　　　　　B. 制造费用
   C. 其他业务支出　　　　　　　　D. 营业外支出
2. 直接用于产品生产的电力费用，应计入（　　）。
   A. 辅助生产成本　　　　　　　　B. 制造费用
   C. 管理费用　　　　　　　　　　D. 基本生产成本
3. 下列应记入"制造费用"科目的是（　　）。
   A. 车间管理人员的薪酬　　　　　B. 行政管理人员的薪酬

C. 辅助生产车间工人的薪酬　　　　　D. 生活福利部门人员的薪酬

4. 在辅助生产费用分配法中，费用分配结果最准确的方法是（　　）。

　A. 直接分配法　　　　　　　　　　B. 顺序分配法

　C. 代数分配法　　　　　　　　　　D. 交互分配法

5. 在制造费用的分配方法中，适用于季节性生产车间的分配方法是（　　）。

　A. 生产工时比例法　　　　　　　　B. 按年度计划分配率分配法

　C. 生产工人工资比例法　　　　　　D. 机器工时比例法

6. 不计算在产品成本法的适用条件是（　　）。

　A. 月末在产品数量变化很小　　　　B. 没有月末在产品

　C. 月末在产品数量很少　　　　　　D. 月末在产品数量变化较大

7. 正确划分各种费用界限，应贯彻的原则为（　　）。

　A. 受益原则　　　　　　　　　　　B. 配比原则

　C. 实质重于形式原则　　　　　　　D. 重要性原则

8. 采用五五摊销法，低值易耗品报废时，其摊销价值为（　　）。

　A. 低值易耗品价值的50%

　B. 低值易耗品价值的50%减去残值后的差额

　C. 低值易耗品价值的50%加上残值

　D. 低值易耗品的价值减去残值后的50%

9. 基本生产车间照明用电应计入（　　）。

　A. 基本生产成本　　　　　　　　　B. 辅助生产成本

　C. 管理费用　　　　　　　　　　　D. 制造费用

10. 在辅助生产费用分配法中，将辅助生产费用直接分配给辅助生产以外各受益单位的方法是（　　）。

　A. 交互分配法　　　　　　　　　　B. 顺序分配法

　C. 计划成本分配法　　　　　　　　D. 直接分配法

11. 辅助生产费用的计划成本分配法中，为简化计算工作，辅助生产产品或劳务的成本差异直接计入（　　）。

　A. 制造费用　　　　　　　　　　　B. 管理费用

　C. 销售费用　　　　　　　　　　　D. 财务费用

12. 在产品盘盈时，经批准后应贷记的科目是（　　）。

　A. 制造费用　　　　　　　　　　　B. 管理费用

　C. 基本生产成本　　　　　　　　　D. 辅助生产成本

13. 月末在产品数量较大，各月末在产品数量变化也较大，产品成本中原材料费用和职工薪酬等加工费所占比重相差不多的产品，在完工产品与月末在产品之间分配费用应采用的方法是（　　）。

　A. 在产品按完工产品成本计算

　B. 在产品按定额成本计价法

　C. 不计算在产品成本法

D. 约当产量比例法

14. 产品定额管理基础比较好，各项消耗定额或费用定额比较准确、稳定，各月末在产品数量变化较大，在完工产品和月末在产品之间分配费用的方法是（　　）。

A. 按年初数固定计算在产品成本法

B. 在产品按所耗原材料费用计价法

C. 在产品按定额成本计价法

D. 定额比例法

15. 某车间按年度计划分配率法分配制造费用，其分配率为5元/小时。2024年10月其实际发生的制造费用为4 000元，定额工时为9 000小时，10月初"制造费用"科目借方余额为3 000元。则该车间10月份分配转入"基本生产成本"科目的金额是（　　）。

A. 40 000元　　　　　　　　　　B. 37 000元

C. 45 000元　　　　　　　　　　D. 43 000元

三、多项选择题（在下列备选答案中选出2～5个正确的答案，并将序号字母填在括号内）

1. 低值易耗品的摊销方法通常有（　　）。

A. 一次转销法　　　　　　　　　B. 分次转销法

C. 五五摊销法　　　　　　　　　D. 净值摊销法

E. 降等摊销法

2. 下列固定资产中，不计提折旧的有（　　）。

A. 房屋建筑物

B. 以经营租赁方式租入的固定资产

C. 当月增加的固定资产

D. 以融资租赁方式租入的固定资产

E. 提前报废的固定资产

3. 下列各项中，属于固定资产加速折旧法的有（　　）。

A. 平均年限法　　　　　　　　　B. 工作量法

C. 双倍余额递减法　　　　　　　D. 年数总和法

E. 工作时数法

4. 制造费用的分配方法一般有（　　）。

A. 生产工时比例法　　　　　　　B. 生产工人工资比例法

C. 约当产量比例法　　　　　　　D. 机器工时比例法

E. 按年度计划分配率分配法

5. 采用年度计划分配率分配法，"制造费用"科目可能（　　）。

A. 有月末余额　　　　　　　　　B. 有年末余额

C. 无余额　　　　　　　　　　　D. 有月末借方余额

E. 有月末贷方余额

6. 废品按其报废程度和修复价值，可分为（　　）。

A. 废品损失   B. 可修复废品
C. 不可修复废品   D. 修复费用
E. 不可修复费用

7. 企业的在产品发生盘亏和毁损时，经批准处理，可记入借方科目的有（   ）。
A. 原材料   B. 其他应收款
C. 营业外支出   D. 管理费用
E. 银行存款

8. 企业在选择完工产品和在产品之间分配费用的方法时，应考虑的条件有（   ）。
A. 月末在产品数量的多少
B. 各月末在产品数量变化的大小
C. 各项费用在成本中比重的大小
D. 定额管理基础（定额是否准确、稳定）的好坏
E. 完工产品的比重

9. 在产品按所耗原材料费用计价法的适用条件有（   ）。
A. 各月末在产品数量较大
B. 各月末在产品数量变化较大
C. 原材料费用在成本中所占比重较大的产品
D. 定额管理基础较好
E. 各月末在产品数量变化不大

10. 制造业企业的生产按其工艺过程的特点，可以分为（   ）。
A. 大量生产   B. 成批生产
C. 单步骤生产   D. 多步骤生产
E. 单件生产

11. 在分配间接计入费用时，其分配标准主要有（   ）。
A. 成果类   B. 综合类
C. 消耗类   D. 定额类
E. 固定类

12. 在材料消耗定额比较准确的情况下，可以作为原材料费用分配标准的有（   ）。
A. 约当产量   B. 原材料定额消耗量
C. 原材料定额费用   D. 产品定额工时
E. 材料体积

13. 低值易耗品采用五五摊销法核算时，为反映低值易耗品的使用过程，在"低值易耗品"总账科目下设置的二级科目有（   ）。
A. 低值易耗品差异   B. 在库低值易耗品
C. 在用低值易耗品   D. 低值易耗品摊销
E. 库存低值易耗品

14. 制约企业整个生产过程中的在产品资金占用的因素有（   ）。
A. 在产品数量   B. 在产品平均单位成本

C. 在产品种类　　　　　　　　　D. 在产品质量

E. 在产品产地

15. 下列各项，属于辅助生产费用分配方法的有（　　）。

A. 顺序分配法　　　　　　　　　B. 直接分配法

C. 交互分配法　　　　　　　　　D. 代数分配法

E. 计划分配法

四、不定项选择题（在下列备选答案中选出 1~5 个正确的答案，并将序号字母填在括号内）

1. 下列各标准，可以作为企业期间费用分配标准的有（　　）。

A. 机器工时　　　　　　　　　　B. 产值（销售收入）

C. 工作量（时）　　　　　　　　D. 资金占用额（占用量）

E. 年度计划分配率

2. 成本核算的一般程序可以概括为（　　）。

A. 根据生产特点和成本管理要求，确定成本核算对象和成本核算方法

B. 正确确定财产物资的计价和价值结转的方法

C. 建立和健全存货的计量、收发、领退和盘点制度

D. 认真执行厂内计划价格的制定和修订工作

E. 正确划分各种费用的界限，计算企业产品实际成本和企业损益

3. 企业进行成本分配时，应遵循的原则包括（　　）。

A. 受益性原则　　　　　　　　　B. 及时性原则

C. 成本效益性原则　　　　　　　D. 基础性原则

E. 管理性原则和多元性原则

4. 下列关于辅助生产费用分配方法的描述中，属于代数分配法的有（　　）。

A. 需要根据各辅助生产车间相互提供产品和劳务的数量，求解联立方程式，计算出单位成本

B. 费用成本分配结果最准确

C. 在辅助生产车间较多的情况下，未知数较多，计算复杂

D. 由于进行了二次分配，从而提高了分配结果的正确性

E. 在计算工作已经实现电算化的企业

5. 企业在职工提供相关服务的年度报告期间结束后十二个月内需要全部予以支付的职工薪酬，因解除与职工的劳动关系给予的补偿除外，是指（　　）。

A. 辞退福利　　　　　　　　　　B. 职工薪酬

C. 短期薪酬　　　　　　　　　　D. 带薪缺勤

E. 离职后福利

五、判断说明题（正确的打"√"，错误的打"×"并说明理由）

1. 辅助生产费用的代数分配法，是用代数学中解联立方程的原理，直接分配各受益车

间、部门应负担的费用，不需要计算辅助生产劳务或产品单位成本的方法。（　　）

2. 停工损失是指在停工期间发生的损失，所以，在计算停工损失时，不考虑停工期间的长短，也不考虑损失发生的地点。（　　）

3. 不可修复废品是指不能修复，或者所花费的修复费用在经济上不合算的废品。（　　）

4. 经批准，处理由于自然灾害造成的在产品盘亏和毁损的损失时，应借记"营业外支出"科目，贷记"待处理财产损溢"科目。（　　）

5. 原材料在生产产品时分工序投入，但在每一工序开始一次投入时，分配原材料费用的最后一道工序的完工率（投料率）为100%。（　　）

6. 企业各车间的制造费用应该加以汇总，在整个企业各种产品之间统一分配。（　　）

7. "制造费用"科目的金额最终要归入"基本生产成本"账户，故月末必然没有余额。（　　）

8. 结转不可修复废品的生产成本时，应借记"废品损失"科目，贷记"基本生产成本"科目，并从"废品损失"成本项目转出。（　　）

9. 采用月末在产品按定额成本计价法时，定额成本与实际成本的差异，应由完工产品与月末在产品共同负担。（　　）

10. 约当产量比例法下，原材料投料率高低对于确定约当产量无影响。（　　）

六、业务核算题

1. 【目的】练习按原材料定额消耗量比例分配原材料费用的方法。

【资料】化能制造有限公司生产T131、K210两种产品，领用材料6 000千克，每千克单价为10元，共计60 000元。本月投产的T131产品为120件，K210产品为160件，T131产品的材料消耗定额为20千克，K210产品的材料消耗定额为10千克。

【要求】按原材料定额消耗量比例分配法，计算T131、K210产品实际耗用的原材料费用，并编制会计分录。

2. 【目的】练习按原材料定额消耗费用比例分配原材料费用的方法。

【资料】常虹制造有限公司生产JIA11、YII22两种产品，共耗原材料费用2 016 000元，单件产品原材料消耗定额：JIA11产品30千克，YII22产品24千克，每千克原材料单价16

元,本月投产 JIA11 产品 200 件,YII22 产品 100 件。

【要求】按原材料定额费用比例分配法,计算 JIA11、YII22 产品实际原材料费用,并编制会计分录。

3. 【目的】练习低值易耗品的五五摊销法。

【资料】华诚制造有限公司生产车间领用专用工具一批,其计划成本 6 000 元,成本差异率为 -2%;本月报废一批行政管理部门管理用具,计划成本为 4 800 元,残料入库 400 元。

【要求】运用五五摊销法,编制领用、摊销、报废和调整成本差异等的会计分录。

4. 【目的】练习外购动力费用的分配方法。

【资料】中环企业 6 月耗电 10 000 度,每度电费单价为 1.2 元,应付电力费 12 000 元,未付。该企业基本生产车间耗电 6 500 度,其中车间照明用电 1 500 度;企业行政管理部门耗用 3 500 度。企业基本生产车间生产 A-101、B-202 两种产品,A-101 产品生产工时 18 000 小时,B-202 产品生产工时 12 000 小时。

【要求】按所耗电度数分配电力费用,A-101、B-202 产品按生产工时分配电费,编制分配电力费用的会计分录。

5.【目的】练习职工薪酬的归集与分配。

【资料】天创工厂生产 BT-11、BT-12 两种产品,根据工资结算汇总表,生产工人的计件工资分别为:BT-11 产品 3 200 元,BT-12 产品 4 400 元。生产工人的计时工资总额为 20 000 元,其中 BT-11 产品生产工时为 4 000 小时,BT-12 产品生产工时为 6 000 小时。车间管理人员工资为 13 160 元,行政管理人员工资为 8 840 元,销售部门人员的工资为 2 000 元。本月公司实际发生职工福利费分别为:生产 BT-11 产品工人福利费 672 元,生产 BT-12 产品工人福利费 1 032 元,车间管理人员福利费 789.6 元,行政管理部门人员福利费 530.4 元,销售部门人员福利费 120 元。

【要求】

(1) 按生产工时比例分配 BT-11、BT-12 产品应分配的生产工人计时工资,计算 BT-11、BT-12 产品工资费用合计。

(2) 编制工资费用分配的会计分录。

(3) 编制职工福利费分配的会计分录。

6.【目的】练习固定资产折旧费的分配。

【资料】龙江制造有限公司 2024 年 6 月计提固定资产折旧费用分配表见表 1-3-1。

表 1-3-1 单位:元

应借科目	上月折旧额	上月增加固定资产		上月减少固定资产		本月折旧额
		原值	折旧额	原值	折旧额	
制造费用	15 000	23 000	1 100	—	—	
辅助生产成本	3 000	2 500	200	6 000	550	
管理费用	4 000	—	—	—	—	
销售费用	800	—	—	—	—	
合　计						

【要求】将分配表（见表1-3-1）的空白处填上有关数字，并编制折旧费用分配的会计分录。

7.【目的】练习辅助生产费用分配的代数分配法。

【资料】华夏制造有限公司设有修理和运输两个辅助生产车间。2024年6月修理车间发生的费用为9 650元，修理费用按修理工时分配。该车间提供修理劳务4 020小时。其中，为运输部门修理100小时；为其他车间、部门提供的修理劳务为：基本生产第一车间1 700小时，第二车间1 620小时，行政管理部门600小时，共3 920小时。运输部门发生的费用为14 550元，运输材料物资14 800吨公里；其中为修理车间运输400吨公里，为其他车间、部门提供的运输劳务为：基本生产第一车间8 500吨公里，第二车间3 700吨公里，行政管理部门2 200吨公里，共14 400吨公里。

【要求】采用代数分配法分配。详细列示计算过程，并编制会计分录。

8.【目的】练习制造费用的归集与分配。

【资料】长江制造有限公司2024年6月，基本生产车间生产JA01、JA02产品，JA01产品生产工时为1 500小时，JA02产品生产工时为500小时，本月发生制造费用为8 000元。

【要求】按生产工时比例法计算制造费用分配率及JA01、JA02产品应分配的制造费用，并编制下列制造费用分配表（见表1-3-2）和有关会计分录。

表1-3-2　　　　　　　　　　　　制造费用分配表

车间：基本生产车间　　　　　　　　　　　　　　　　　　　　　　　　　　　　单位：元

应借科目	生产工时（小时）	分配金额
基本生产成本——JA01产品		
——JA02产品		
合　计		

9.【目的】练习按年度计划分配率分配制造费用的方法。

【资料】长皇制造有限公司基本生产车间全年制造费用计划为307 200元，全年各种产品的计划产量为：YR10产品7 000件，YR11产品2 080件。单件产品的工时定额为：YR10产品8小时，YR11产品10小时，本月实际产量：YR10产品500件，YR11产品220件。该月实际制造费用为22 060元。

【要求】按年度计划分配率分配本月制造费用并编制会计分录。

10. 【目的】练习在产品清查的核算。

【资料】长皇制造有限公司 2024 年 6 月对基本生产车间的在产品进行清查,结果发现 JIA01 产品的在产品盘盈 4 件,单位定额成本为 100 元;JIA02 产品的在产品盘亏 20 件,单位定额为 50 元,JIA02 产品盘亏是由于车间管理不善造成的,并由过失人赔偿 400 元。

【要求】编制该公司盘盈 JIA01 产品和盘亏 JIA02 产品的会计分录。

11. 【目的】练习约当产量比例法的计算。

【资料】长皇制造有限公司甲产品由三道工序制成,原材料在生产开始时一次投入。该产品单位工时定额为 20 小时,第一道工序工时定额为 4 小时,第二道工序工时定额为 8 小时,第三道工序工时定额为 8 小时。各道工序在产品加工程度均按 50% 计算。本月甲产品完工 200 件,各工序月末在产品数量:第一工序为 20 件,第二工序为 40 件,第三工序为 60 件。月初在产品及本月生产费用为:原材料费用为 32 000 元,职工薪酬为 15 960 元,制造费用为 17 024 元。

【要求】

(1) 分工序计算在产品完工率。

(2) 计算各工序在产品的约当产量。

(3) 在完工产品和在产品之间分配各项费用,计算完工产品和月末在产品成本。

七、简述题

1. 简述如何正确划分各种费用界限。

2. 简述原材料费用分配方法及其分配程序。

3. 什么是职工薪酬？职工薪酬具体包括哪些内容？

4. 简述生产费用在完工产品和在产品之间分配时应考虑的条件。

5. 简述定额比例法的特点及适用范围。

第四章
产品成本计算的基本方法

● **思维导图**

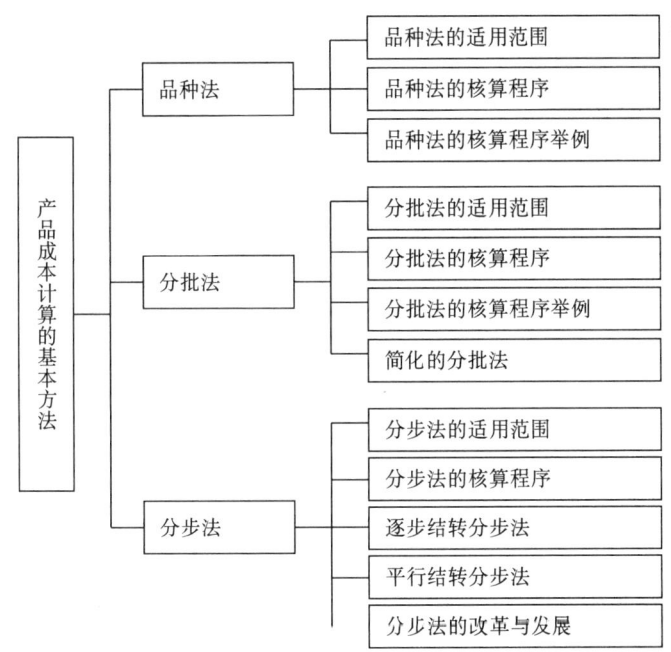

● **重点、难点提示**

本章重点：

1. 产品成本计算的品种法、分批法、分步法的适用范围。
2. 产品成本计算的品种法、分批法、分步法的核算程序。
3. 产品成本计算的品种法、分批法、分步法的优缺点。

本章难点：

1. 简化分批法的核算程序。
2. 逐步综合结转分步法及成本还原。

3. 平行结转分步法的核算程序。

● 学习指南

本章是在上一章所阐述生产费用的横向分配和纵向分配的程序和方法的基础上，结合各种类型生产的特点和管理的要求，具体讲述了产品成本计算的基本方法，品种法、分批法和分步法的特点、适用范围和核算程序。学习本章时需要特别注意的是：

1. 本章的教学内容综合性强，可以说是本课程中最烦琐、最难掌握的部分，其中分步法最难。学习过程中一方面要强调核算的思路，另一方面要注重各种分配方法的灵活运用。

2. 在分步法中逐步综合结转法的成本还原要掌握还原分配率的原理；分项结转分步法要理解约当产量比例法分配生产费用的原理。平行结转分步法要在掌握广义在产品的计算方法的基础上，才能理解生产费用在最终产成品和广义在产品之间进行分配。

一、名词解释

1. 品种法

2. 分批法

3. 简化分批法

4. 累计间接计入费用分配率

5. 分步法

6. 逐步结转分步法

7. 成本还原

8. 平行结转分步法

9. 广义在产品

10. 分项结转法

二、单项选择题（在下列备选答案中选出一个正确的答案，并将序号字母填在括号内）

1. 产品成本计算最基本的方法是(　　)。
   A. 分类法　　　　　　　　　　B. 分步法
   C. 品种法　　　　　　　　　　D. 定额法
2. 下列方法中对加强成本定额管理、降低产品成本，具有重要作用的是(　　)。
   A. 分类法　　　　　　　　　　B. 分步法
   C. 品种法　　　　　　　　　　D. 定额法
3. 企业产品品种、规格繁多，为了简化成本计算工作应采用的成本计算方法是(　　)。
   A. 分类法　　　　　　　　　　B. 分步法
   C. 品种法　　　　　　　　　　D. 定额法
4. 在逐步综合结转法下，将产成品中所耗半成品综合成本进行还原，其还原依据是(　　)。
   A. 本月所产该种半成品的成本构成
   B. 本月所耗半成品的成本构成
   C. 本月所产全部半成品的成本构成
   D. 本月所耗全部半成品的成本构成
5. 采用平行结转分步法在月末计算完工产品成本时应(　　)。

A. 按成本项目平行结转各生产步骤应计入产成品的份额
B. 逐步结转各生产步骤应计入产成品的份额
C. 分项结转各生产步骤应计入产成品的份额
D. 综合结转各生产步骤应计入产成品的份额

6. 某种产品采用综合结转分步法计算成本。本期第一步骤发生费用50 000元，完工产品成本为40 000元；第二步骤本月耗用半成品30 000元，完工产成品成本中"半成品"项目为40 000元。该种产品成本还原分配率为(　　)。
A. 1　　　　　　　　　　　　B. 0.75
C. 0.8　　　　　　　　　　　　D. 0.6

7. 平行结转分步法适用于(　　)。
A. 要求计算完工产品所耗半成品费用但不需要进行成本还原的企业
B. 要求计算完工产品所耗半成品费用且需要进行成本还原的企业
C. 要求计算半成品成本的企业
D. 不要求计算半成品成本的企业

8. 品种法的特点是(　　)。
A. 分批计算产品成本　　　　　B. 分步计算产品成本
C. 既分批计算又分步计算　　　D. 按照产品品种计算成本

9. 分批法的特点是(　　)。
A. 按产品订单计算成本　　　　B. 按产品批别计算成本
C. 按产品品种计算成本　　　　D. 按车间来计算成本

10. 必须设置基本生产成本二级账的成本计算方法是(　　)。
A. 分批法　　　　　　　　　　B. 分步法
C. 品种法　　　　　　　　　　D. 简化分批法

11. 某企业采用分批法计算产品成本。8月1日投产A产品6件，B产品4件；12日投产B产品3件；20日投产A产品5件，B产品2件。该企业8月应开设的产品成本明细账应该是(　　)。
A. 2本　　　　　　　　　　　　B. 3本
C. 4本　　　　　　　　　　　　D. 5本

12. 简化分批法适用于(　　)。
A. 各月间接计入费用水平相差不大　　B. 月末未完工产品批数多
C. 同一月份投产批数多　　　　　　　D. 同时具备上述三点

13. 下列方法中，属于不计列半成品成本的分步法是(　　)。
A. 逐步结转法　　　　　　　　B. 综合结转法
C. 分项结转法　　　　　　　　D. 平行结转法

14. 采用综合结转分步法计算产品成本时，若有N个生产步骤，则需进行成本还原的次数是(　　)。
A. (N-1)次　　　　　　　　　B. (N-2)次
C. (N-3)次　　　　　　　　　D. N次

15. 在简化的分批法下，累计间接计入费用分配率(　　)。
   A. 只是在各批产品之间分配间接计入费用的依据
   B. 只是在各批在产品之间分配间接计入费用的依据
   C. 既是各批产品之间，也是完工产品与在产品之间分配间接计入费用的依据
   D. 只是完工产品与在产品之间分配间接计入费用的依据

三、多项选择题（在下列备选答案中选出 2～5 个正确的答案，并将序号字母填在括号内）

1. 为了适应各种类型生产的特点和管理要求，产品成本计算对象有(　　)。
   A. 产品品种　　　　　　　　B. 产品类别
   C. 产品生产步骤　　　　　　D. 产品批别
   E. 产品的定额成本

2. 采用分批法计算产品成本时，如果批内产品跨月陆续完工的情况不多，完工产品数量占全部批量的比重很小，完工产品成本的计价可采用(　　)。
   A. 实际单位成本　　　　　　B. 计划单位成本
   C. 定额单位成本　　　　　　D. 定额比例
   E. 最近一批相同产品的实际单位成本

3. 在逐步综合结转法下，半成品成本的计价方式可采用(　　)。
   A. 实际成本　　　　　　　　B. 计划成本
   C. 定额成本　　　　　　　　D. 平均成本
   E. 责任成本

4. 采用逐步结转分步法，按照结转的半成品成本在下一步骤产品成本明细账中的反映方法不同，可分为(　　)。
   A. 综合结转法　　　　　　　B. 分项结转法
   C. 按实际成本结转　　　　　D. 按计划成本结转
   E. 平行结转法

5. 平行结转分步法中的在产品包括(　　)。
   A. 各生产步骤期末未完工产品　　B. 各生产步骤的完工产品
   C. 前面生产步骤的完工产品　　　D. 最后生产步骤的完工产品
   E. 企业的全部未完工在产品

6. 产品成本计算品种法的适用范围有(　　)。
   A. 单步骤生产　　　　　　　B. 多步骤生产
   C. 大量生产　　　　　　　　D. 大批生产
   E. 管理上不要求分步骤计算成本的多步骤生产

7. 采用简化分批法(　　)。
   A. 不计算在产品成本
   B. 不分批计算在产品成本
   C. 不计算全部在产品总成本

D. 计算全部在产品总成本

E. 仍需按照产品批别设立产品成本明细账

8. 采用简化分批法,各月(　　)。

A. 只计算完工产品成本　　　　　B. 期末计算全部在产品的总成本

C. 可分批计算在产品的实际成本　D. 分批计算完工产品成本

E. 不分批计算在产品成本

9. 在下列情况下,要求进行成本还原的有(　　)。

A. 半成品成本采用逐步综合结转法

B. 半成品成本按实际成本分项结转

C. 半成品成本按计划成本分项结转

D. 半成品成本按定额成本分项结转

E. 管理要求从整个企业角度考核和分析产品成本的构成和水平

10. 逐步分项结转分步法的特点有(　　)。

A. 需要进行成本还原

B. 不需要进行成本还原

C. 能提供按原始成本项目反映的半成品成本资料

D. 有利于加强半成品实物和资金的有效管理

E. 能及时计算出完工产品成本

四、不定项选择题(在下列备选答案中选出 1~5 个正确的答案,并将序号字母填在括号内)

1. 区别各种成本计算方法的主要标志是(　　)。

A. 企业生产特点和管理上的要求

B. 成本计算对象的确定

C. 本期完工产品与上期完工产品的划分

D. 生产费用在完工产品与期末在产品之间的分配

E. 生产工艺及生产流程的不同

2. 采用分批法计算产品成本,生产费用在月末在产品与完工产品之间分配的说法正确的有(　　)。

A. 如果是单件生产,不存在完工产品与在产品之间费用分配问题

B. 成本计算期与产品生产周期是一致的,不存在完工产品与在产品之间费用分配问题

C. 如果是小批生产,一般不存在完工产品与在产品之间的费用分配问题

D. 如果期末在产品数量较大,一般不存在完工产品与在产品之间的费用分配问题

E. 如果批内产品跨月陆续完工,需要在完工产品与在产品之间分配费用

3. 下列各种成本计算方法中,不适合精密仪器生产企业的是(　　)。

A. 品种法　　　　　　　B. 分批法

C. 综合结转分步法　　　D. 平行结转分步法

E. 逐步结转分步法

4. 下列关于确定成本计算对象的说法中，正确的是（   ）。

A. 大量大批单步骤生产产品的，以每批或每件产品为成本计算对象

B. 多步骤连续加工的产品，以每种产品及各生产步骤为成本计算对象

C. 小批单件生产产品的，以产品品种为成本计算对象

D. 产品规格繁多的，可以将产品结构、耗用原材料和工艺基本相同的各种产品，适当合并作为成本计算对象

E. 大量、大批的多步骤生产中，如果企业或车间的规模较小，或者车间是封闭式的，可以按批别作为成本计算对象

5. 生产特点和成本管理要求对产品成本计算方法的影响主要有（   ）。

A. 成本计算对象的影响

B. 成本计算期的影响

C. 完工产品和在产品分配费用的影响

D. 费用归集的影响

E. 成本计算程序的影响

五、判断说明题（正确的打"√"，错误的打"×"并说明理由）

1. 如果企业产品品种、规格繁杂，为了简化成本计算工作，可采用品种法计算产品成本。（   ）

2. 不论什么类型生产企业，不论采用哪种成本计算方法，最终都必须按照产品品种算出产品成本。（   ）

3. 简化分批法又称为不分批计算在产品成本法和累计间接计入费用分配法。（   ）

4. 在平行结转分步法下，各步骤完工产品与在产品之间的费用分配，是指在产成品与广义在产品之间的费用分配。（   ）

5. 为了配合和加强定额管理，加强成本控制，企业可单独使用定额法计算产品成本。（   ）

6. 品种法也适用于大量、大批的多步骤生产。（   ）

7. 在平行结转分步法下，完工产品与月末在产品之间的费用分配，通常采用计划成本法。（   ）

8. 在小批和单件生产中，如果产品的批量根据购买单位的订单确定，按批、按件计算产品成本，也就是按订单计算产品成本。（   ）

9. 在采用品种法计算产品成本的企业或车间，若只生产一种产品，成本计算对象就是这种产品的实际成本。（   ）

10. 由于分批法适用于单件小批生产，因而采用分批法时，不存在完工产品与在产品之间分配费用的问题。（   ）

六、业务核算题

1.【目的】练习品种法的应用。

【资料】华夏制造有限公司采用品种法计算产品成本。该企业生产 JA01、JA02 两种产

品,月末在产品按所耗原材料费用计价,JA01、JA02 两种产品的共同费用按工人工资的比例分配。该企业 JA01 产品2024 年4 月初无在产品,JA02 产品的在产品实际成本为 8 800 元;4 月末,JA02 产品在产品负担的原材料费用为 13 600 元,JA01 产品全部完工。4 月发生下列经济业务:

(1)基本生产车间领用原材料,实际成本为 56 000 元,其中 JA01 产品耗用 16 000 元,JA02 产品耗用 40 000 元。

(2)基本生产车间领用低值易耗品,实际成本为 2 000 元,该企业低值易耗品采用一次摊销法。

(3)计提固定资产折旧费 4 800 元,其中车间折旧费 4 000 元,厂部管理部门折旧费 800 元。

(4)结算本月应付工资 20 000 元,其中生产工人工资 12 000 元(JA01 产品负担 4 800 元,JA02 产品负担 7 200 元),车间管理人员工资 2 000 元,厂部管理人员工资 6 000 元。提取职工福利费 2 800 元,其中生产工人 1 680 元(JA01 产品 672 元,JA02 产品 1 008 元),车间管理人员 280 元,厂部管理人员 840 元。

(5)分配制造费用。

【要求】

(1)根据上述经济业务编制会计分录。

(2)分别计算 JA01、JA02 两种产成品总成本及 JA02 产品在产品成本。

2.【目的】练习分批法的应用。

【资料】华源制造有限公司生产 JA01、YI02 两种产品,生产组织属于小批生产,采用分批法计算成本。2024 年4 月和5 月的生产情况和生产费用资料如下:

(1)4 月生产的产品批号。

401 号 JA01 产品 12 台,本月投产、本月完工 8 台,未完工 4 台。

402 号 YI02 产品 10 台,本月投产,计划下月完工,月末提前完工 2 台。

(2)4 月的生产费用资料见表 1-4-1。

表 1-4-1　　　　　　　　　　　　　　　　　　　　　　　　　　　　　　　　　单位：元

批　号	直接材料	燃料和动力	直接人工	制造费用
401	13 440	2 784	9 408	5 184
402	18 400	3 800	16 200	10 400

401号JA01产品完工数量较大，完工产品与月末在产品之间费用分配采用约当产量比例法分配，在产品的完工程度为40%。原材料在生产开始时一次投入。

402号YI02产品完工数量少，按计划成本结转完工产品成本。每台计划成本为：直接材料1 800元，燃料和动力费为360元，直接人工为1 640元，制造费用为1 060元，合计4 860元。

（3）5月继续生产的产品批号。

401号JA01产品4台，月末全部完工。

402号YI02产品8台，月末全部完工。

（4）5月的生产费用资料见表1-4-2。

表 1-4-2　　　　　　　　　　　　　　　　　　　　　　　　　　　　　　　　　单位：元

批　号	直接材料	燃料和动力	直接人工	制造费用
401		800	2 400	1 120
402		200	600	440

【要求】

（1）计算4月及5月各批完工产品成本。

（2）编制两个月的结转完工入库产品成本的会计分录。

3.【目的】练习简化分批法的应用。

【资料】龙华制造有限公司产品成本计算采用简化分批法,6月生产的产品批号及产品完工情况如下:

501号:10件,5月2日投产,6月20日完工,本月工时1 200小时。

502号:5件,5月2日投产,6月30日完工,本月工时800小时。

601号:4件,6月5日投产,尚未完工,本月工时500小时。

【要求】根据上述情况和表1-4-3至表1-4-6中的资料,登记企业"基本生产成本二级账"及各批"产品成本明细账"。

表1-4-3　　　　　　　　　　基本生产成本二级账　　　　　　　　　　单位:元

月	日	摘要	直接材料	生产工时	直接人工	制造费用	成本合计
5	31	余额	13 500	3 500	8 000	9 500	31 000
6	30	本月发生	11 500	2 500	10 000	14 500	36 000
6	30	累计	25 000	6 000	18 000	24 000	67 000
		全部产品累计间接计入费用分配率					
6	30	本月完工转出	18 500				
6	30	在产品	6 500				

表1-4-4　　　　　　　　　　产品成本明细账

批号:501　　　　　　　　　　　　　产量:10件　　　　　　　　　　　　单位:元

月	日	摘要	直接材料	生产工时	直接人工	制造费用	成本合计
5	31	余额	7 500	2 000			
6	30	本月发生	3 500	1 200			
6	30	累计					
		全部产品累计间接计入费用分配率					
6	30	本月完工转出					
6	30	在产品					

表1-4-5　　　　　　　　　　产品成本明细账

批号:502　　　　　　　　　　　　　产量:5件　　　　　　　　　　　　　单位:元

月	日	摘要	直接材料	生产工时	直接人工	制造费用	成本合计
5	31	余额	6 000	1 500			
6	30	本月发生	1 500	800			
6	30	累计					

续表

月	日	摘要	直接材料	生产工时	直接人工	制造费用	成本合计
		全部产品累计间接计入费用分配率					
6	30	本月完工转出					
6	30	在产品					

表1-4-6　　　　　　　　　　产品成本明细账

批号：601　　　　　　　　　　产量：4件　　　　　　　　　　单位：元

月	日	摘要	直接材料	生产工时	直接人工	制造费用	成本合计
6	30	本月发生	6 500	500			
6	30	累计					
		全部产品累计间接计入费用分配率					
6	30	本月完工转出					
6	30	在产品					

4.【目的】练习简化分批法的应用。

【资料】江夏制造有限公司采用简化分批法计算产品成本，相关资料如下：

（1）2024年4月投产的产品批号及产品完工情况：

401号：AJ01产品30件，4月1日投产，4月25日完工。

402号：BI02产品20件，4月5日投产，月末完工10件。

403号：CK03产品10件，4月15日投产，尚未完工。

（2）各批号的原材料费用（系生产开始时一次投入）和生产工时为：

401号：原材料24 000元，工时3 200小时。

402号：原材料14 720元，工时1 500小时，其中完工10件产品，工时960小时，在产品10件，工时540小时。

403 号：原材料 5 600 元，工时 5 560 小时。

（3）4 月末全部产品直接人工费用 14 364 元，制造费用 22 572 元。

【要求】根据上述资料，计算累计间接计入费用分配率，并据以计算各批产品完工产品成本和全部完工产品总成本。

5.【目的】练习成本还原。

【资料】红梅制造有限公司 2024 年 4 月所产半成品及完工产品成本情况如下：

（1）第一车间本月所产半成品成本为：直接材料 5 800 元，直接人工 2 760 元，制造费用 5 440 元，合计 14 000 元。

（2）第二车间本月完工产成品成本为：半成品 16 800 元，直接人工 5 600 元，制造费用 8 320 元，合计 30 720 元。

【要求】根据上述资料，计算成本还原率，并进行成本还原，填制产成品成本还原计算表（格式见表 1-4-7）。

表 1-4-7　　　　　　　产成品成本还原计算表　　　　　　　单位：元

项目	还原分配率	半成品	直接材料	直接人工	制造费用	合计
还原前产成品成本						
本月所产半成品成本						
成本还原						
还原后产成品成本						

6.【目的】练习逐步结转分步法的应用。

【资料】长江制造股份公司生产 RK-11 产品需经过第一车间和第二车间连续加工制成，采用逐步结转分步法计算成本。第一车间本月转入第二车间的半成品综合成本 160 000 元，其中直接材料为 100 000 元，直接人工为 20 000 元，制造费用为 40 000 元。第二车间本月发生的直接人工为 12 000 元，制造费用为 25 000 元。第二车间期初在产品成本为 24 000 元，其中半成品（原材料）为 20 000 元，直接人工为 1 600 元，制造费用为 2 400 元；第二车间期末在产品成本按定额成本计算为 36 000 元，其中半成品（原材料）为 30 000 元，直接人工为 2 200 元，制造费用为 3 800 元。

【要求】分别采用综合结转分步法和分项结转分步法计算完工产品成本。产品成本明细账格式见表 1-4-8 和表 1-4-9。

表 1-4-8　　　　　　　　　　　　　产品成本明细账

第二车间　　　　　　　　　　　　　（综合结转）　　　　　　　　　　　　　单位：元

项　目	半成品	直接人工	制造费用	合　计
期初在产品成本				
本月生产费用				
合　计				
本月完工产品成本				
期末在产品成本				

表 1-4-9　　　　　　　　　　　　　产品成本明细账

第二车间　　　　　　　　　　　　　（分项结转）　　　　　　　　　　　　　单位：元

项　目		直接材料	直接人工	制造费用	合　计
期初在产品成本					
本月生产费用	所耗上一步骤半成品成本				
	本步骤生产费用				
合　计					
本月完工产品成本					
期末在产品成本					

7. 【目的】练习逐步综合结转法的应用。

【资料】长江制造股份公司 YI-131 产品生产分两个步骤,分别由两个车间进行,第一车间加工形成半成品入库后,再由第二车间领用继续将半成品加工成为产成品。第一车间、第二车间有关资料见表 1-4-10 和表 1-4-11。

表 1-4-10　　　　　　　　　　产品成本明细账

第一车间　　　　　　　　　　　　　　　　　　　　　　　　　　　　　　单位:元

项　目	直接材料	直接人工	制造费用
月初在产品成本	7 600	4 400	9 200
本月费用	25 200	12 000	24 400
月末在产品成本	11 200	5 200	10 400

表 1-4-11　　　　　　　　　　产品成本明细账

第二车间　　　　　　　　　　　　　　　　　　　　　　　　　　　　　　单位:元

项　目	半成品	直接人工	制造费用
月初在产品成本	24 400	4 800	10 000
本月费用	75 600	14 800	35 400
月末在产品成本	10 400	2 000	5 600

【要求】采用逐步综合结转法计算各步骤完工产品成本,并进行成本还原。

8. 【目的】练习逐步综合结转分步法的应用。

【资料】红梅制造有限公司生产 JIA-33 产品需经第一车间、第二车间连续加工完成。第一车间半成品完工通过"自制半成品"账户核算,第二车间领用半成品成本按全月一次加权平均单位成本计算,两个车间月末在产品均按定额成本计算,有关资料见表 1-4-12。

表 1-4-12　　　　　　　　　　　　　　　　　　　　　　　　　　　　　　单位:元

	项　目	直接材料	直接人工	制造费用	合　计
第一车间	期初在产品成本	24 000	8 000	10 000	42 000
	本月费用	56 000	12 000	20 000	88 000
	期末在产品成本	12 000	4 000	6 000	22 000

续表

	项 目	直接材料	直接人工	制造费用	合 计
第二车间	期初在产品成本	39 520	10 000	20 000	69 520
	本月费用		28 000	30 000	
	期末在产品成本	15 000	4 000	10 000	29 000

第一车间完工半成品 900 件，半成品库期初结存 100 件，实际成本 22 000 元，第二车间本月领用半成品 800 件，完工产品 1 000 件。

【要求】采用逐步综合结转分步法计算本月完工产成品实际成本，并进行成本还原。

9.【目的】练习平行结转分步法的应用。

【资料】红梅制造有限公司生产 RA-H2 产品经两个车间加工制成，采用平行结转分步法计算成本。生产费用在完工产品与在产品之间的分配采用定额比例法，其中原材料费用按定额原材料费用比例分配，其他各项费用均按定额工时比例分配。企业本月 RA-H2 产品有关的定额资料见表 1-4-13。

表 1-4-13　　　　　　　　　　RA-H2 产品有关定额资料

车间份额	月初在产品		本月投入		本月产成品				
	定额原材料费用/元	定额工时	定额原材料费用/元	定额工时	单位定额		产量（件）	定额原材料费用/元	定额工时
					原材料费用/元	工时			
第一车间份额	10 200	4 800	6 200	2 000	45	20	300	13 500	6 000
第二车间份额		2 860		7 040		25	300		7 300
合　计	10 200	7 660	6 200	9 040	45	45	600	13 500	13 500

【要求】

（1）根据 RA-H2 产品的定额资料、各种生产费用分配表和产成品交库单，登记第一、第二车间的产品成本明细账（格式见表 1-4-14 和表 1-4-15）。

（2）将第一车间、第二车间产品成本明细账中应计入产成品成本的"份额"平行结转汇总计入 RA－H2 产品成本汇总表（格式见表 1－4－16）。

表 1－4－14　　　　　　　　　　产品成本明细账

第一车间　　　　　　　　　　　RA－H2 产品　　　　　　　　　　　　　　单位：元

摘　要	产成品产量（件）	直接材料		定额工时	直接人工	制造费用	成本合计
		定额	实际				
月初在产品成本			11 210		5 100	9 600	25 910
本月生产费用			7 440		4 200	6 580	18 220
合　计							
费用分配率							
产成品成本中本步骤份额	300						
月末在产品成本							

表 1－4－15　　　　　　　　　　产品成本明细账

第二车间　　　　　　　　　　　RA－H2 产品　　　　　　　　　　　　　　单位：元

摘　要	产成品产量（件）	直接材料		定额工时	直接人工	制造费用	成本合计
		定额	实际				
月初在产品成本					3 100	4 760	7 860
本月生产费用					6 600	7 220	13 820
合　计							
费用分配率							
产成品成本中本步骤份额	300						
月末在产品成本							

表 1－4－16　　　　　　　RA－H2 产品成本汇总表　　　　　　　　　　　单位：元

车间份额	产量（件）	直接材料	直接人工	制造费用	成本合计
第一车间份额	300				
第二车间份额	300				
合　计	300				
单位成本	300				

七、简述题

1. 简述品种法的主要特点。

2. 简述简化分批法下基本生产成本二级账的作用。

3. 简述逐步结转分步法的优缺点。

4. 简述进行成本还原的必要性。

5. 简述平行结转分步法的特点。

第五章
产品成本计算的辅助方法

● **思维导图**

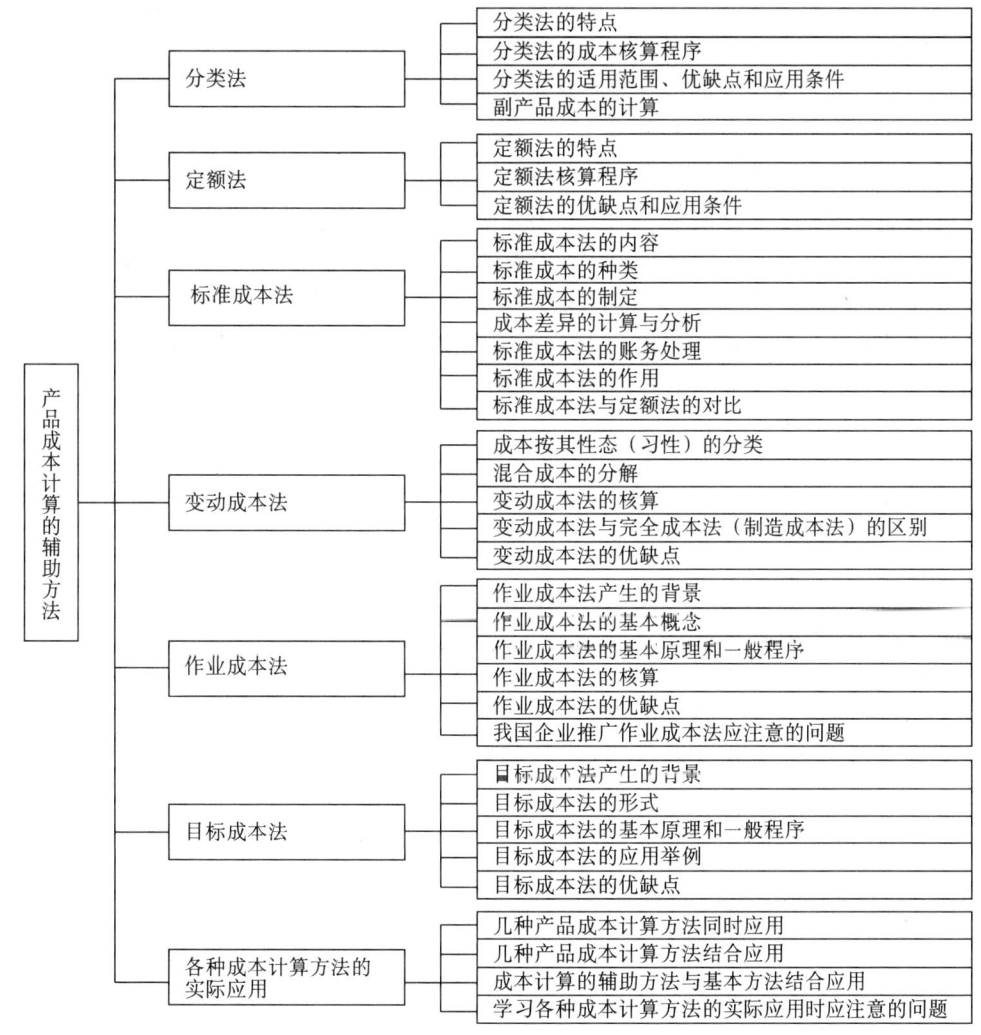

● 重点、难点提示

本章重点：

1. 分类法、定额法与生产类型特点和成本管理要求的关系。
2. 分类法、定额法的特点、优缺点、适用范围及核算过程。
3. 变动成本法、标准成本法、作业成本法和目标成本法的核算程序。

本章难点：

1. 分类法特点和类内各种产品间接计入费用的分配。
2. 定额法的特点、脱离定额差异和定额变动差异的核算，以及定额法下实际成本的计算。
3. 作业成本法在我国生产实际中的运用。
4. 在实际工作中，产品成本计算方法如何同时应用和结合应用。

● 学习指南

本章是在第三章所阐述生产费用的横向分配和纵向分配的程序和方法的基础上，结合各种类型生产的特点和管理的要求，并在第四章学习的基础上，具体讲述产品成本计算所采用的各种辅助方法。所以，学习本章时必须把握以下几个方面：

一是，第一节和第二节讲述了产品成本计算的辅助方法，分类法和定额法的特点、核算程序、优缺点、适用范围和应用条件。

二是，考虑到企业决策和成本控制对成本信息的多方面需要，也是为了将成本会计方面的最新成果介绍给读者，本章第三节至第六节概括性地介绍了当前国际上越来越广泛使用的标准成本法、变动成本法、作业成本法和目标成本法。第三节标准成本法，主要讲述了标准成本法的特点、标准成本的种类和作用、成本差异的计算和分析、标准成本法的账务处理，以及标准成本法与定额法的比较等问题。第四节变动成本法，主要讲述了成本按习性（性态）的分类、混合成本的分解、变动成本法与完全成本法的区别，以及变动成本法的优缺点和局限性等问题。第五节作业成本法，主要介绍了作业成本法产生的背景和意义、结合案例详细介绍了作业成本法的基本原理，并就作业成本法的作用以及我国企业采用作业成本法应注意的问题进行了概括性的评价。第六节目标成本法，主要介绍了目标成本法产生的背景、目标成本法的形式，结合案例讲述了目标成本法的基本原理和一般程序、目标成本法的优缺点以及目标成本法在我国企业的实际应用情况。

三是，学习各种成本计算方法的实际应用问题时，应注意：①成本计算对象产品品种（既不分批，也不分步）、产品批别（分批，不分步）和产品步骤（分步，不分批），因而产品成本计算的基本方法不外乎品种法、分批法和分步法三种；②要计算产品实际成本，基本方法是必不可少的。辅助方法一般来说，可以采用，也可以不采用。也就是说基本方法可以单独使用，而辅助方法必须结合基本方法才能应用。只有一种情况例外，就是在计算联产品成本时必须在采用品种法或分批法的基础上，结合采用分类法。这是因为，在联产品的生产过程（分离点之前）的生产费用均为间接计入费用，对之必须采用分类法来分配、计算联产品内部各种产品的成本。

练 习 题

一、名词解释

1. 分类法

2. 系数法

3. 定额法

4. 脱离定额差异

5. 定额变动差异

6. 副产品

7. 标准成本法

8. 变动成本法

9. 作业成本法

10. 作业

二、单项选择题（在下列备选答案中选出一个正确的答案，并将序号字母填在括号内）

1. 采用分类法的目的是(　　)。
   A. 分类计算产品成本　　　　　　B. 按系数分配计算类内产品的成本
   C. 准确计算各种产品的成本　　　D. 简化各类产品成本计算工作
2. 必须采用分类法计算成本的产品是(　　)。
   A. 联产品　　　　　　　　　　　B. 等级品
   C. 副产品　　　　　　　　　　　D. 主产品
3. 某企业采用分类法计算产品成本，类内三种产品的材料费用定额为：甲产品为80 000元，乙产品为100 000元，丙产品为120 000元，其中乙产品为标准产品，则甲产品的材料费用系数为(　　)。
   A. 1.2　　　　　　　　　　　　B. 1
   C. 0.8　　　　　　　　　　　　D. 1.25
4. 采用定额法是为了(　　)。
   A. 简化成本计算工作　　　　　　B. 提高成本计算的准确性
   C. 加强成本的定额管理　　　　　D. 计算产品的实际成本
5. 在定额法下，当消耗定额提高时，月初在产品的定额成本调整数和定额变动差异数(　　)。
   A. 都是正数　　　　　　　　　　B. 都是负数
   C. 前者是正数，后者是负数　　　D. 前者是负数，后者是正数
6. 原材料脱离定额差异是指(　　)。
   A. 领料差异　　　　　　　　　　B. 用料差异
   C. 原材料成本差异　　　　　　　D. 价格差异
7. 下列方法中，既是产品成本计算方法，又是成本控制方法的是(　　)。
   A. 分批法　　　　　　　　　　　B. 分类法
   C. 分步法　　　　　　　　　　　D. 定额法
8. 定额法的特点是(　　)。
   A. 对产品成本进行事前控制
   B. 对成本差异进行日常核算、分析和控制
   C. 在定额成本的基础上加减各种差异，计算产品的实际成本，并据以进行定期分析和

考核

D. 上列三点均具备

9. 所谓成本习性，是指成本（　　）。
   A. 经济用途　　　　　　　　　B. 经济内容
   C. 与业务量的依存关系　　　　D. 与利润的依存关系

10. 下列项目中，属于固定成本的是（　　）。
    A. 直接材料成本　　　　　　　B. 房屋租金
    C. 按销售量支付的佣金　　　　D. 直接人工成本

11. 下列项目中属于变动成本的是（　　）。
    A. 管理人员的基本工资　　　　B. 广告费
    C. 产品包装费　　　　　　　　D. 办公费

12. 在变动成本法下，计入产品成本的是（　　）。
    A. 变动生产成本　　　　　　　B. 全部变动成本
    C. 直接材料和直接人工　　　　D. 全部生产成本

13. 在采用变动成本法下，从销售收入中扣除由变动生产成本构成的销售成本后的差额称为（　　）。
    A. 边际贡献　　　　　　　　　B. 营业净利
    C. 生产边际贡献　　　　　　　D. 销售毛利

14. 以现有生产经营条件处于最佳状态为基础确定的最低水平成本，称为（　　）。
    A. 理想标准成本　　　　　　　B. 正常标准成本
    C. 现实标准成本　　　　　　　D. 可达到标准成本

15. 从总体上看，标准成本法和定额法的相同之处是（　　）。
    A. 二者具有基本相同的功能和实施环节
    B. 二者都要计算产品的实际成本
    C. 二者都要为各种成本差异单独设置账户
    D. 二者一般都是将各种成本差异全部计入当期损益

16. 由于定额法既是一种成本计算方法，又是一种成本管理方法，所以在实际工作中（　　）。
    A. 可以和其他方法结合应用　　B. 必须与基本方法结合应用
    C. 可以独立应用　　　　　　　D. 可以与其他辅助方法结合应用

三、多项选择题（在下列备选答案中选出2～5个正确的答案，并将序号字母填在括号内）

1. 采用系数法时，被选定作为标准产品的产品，应具备以下条件（　　）。
   A. 产量较小　　　　　　　　　B. 成本较高
   C. 产量较大　　　　　　　　　D. 生产比较稳定
   E. 规格折中

2. 分类法的优缺点有（　　）。

A. 可以简化成本计算工作
B. 便于成本日常控制
C. 计算结果有一定假定性
D. 可以分类掌握产品成本情况
E. 可使类内各种产品成本的计算更为准确

3. 在完工产品成本中，如果月初在产品定额变动差异是正数，说明（   ）。
A. 消耗定额降低了
B. 消耗定额提高了
C. 本月份定额管理和成本管理取得了成绩
D. 以前月份定额管理和成本管理取得了成绩
E. 以前月份定额管理和成本管理有缺点

4. 定额成本与计划成本的关系有（   ）。
A. 两者是同义词
B. 两者无关系
C. 前者是根据计划期内平均定额计算的成本，后者是根据现行定额计算的成本
D. 前者是根据现行定额计算的成本，后者是根据计划期内平均消耗定额计算的成本
E. 定额成本在计划期内可能变动，而计划成本在计划期内不变

5. 定额法的优点有（   ）。
A. 有利于加强成本控制
B. 有利于提高成本的定额管理和计划管理水平
C. 能够较为合理、简便地解决完工产品和月末在产品的费用分配问题
D. 便于产品成本定期分析
E. 较其他成本计算方法核算工作量小

6. 变动成本法与完全成本法的区别有（   ）。
A. 成本类别的划分和产品成本包含的内容方面的区别
B. 产成品和在产品存货估价上的区别
C. 利润计算上的区别
D. 生产费用在完工产品和在产品之间分配方法上的区别
E. 前者简单，后者复杂

7. 在下列各项中，属于标准成本法与定额法相同之处的有（   ）。
A. 一般都要将各种成本差异全部计入当期损益
B. 一般都要计算产品实际成本
C. 都要事先制定产品应该发生的成本
D. 都要计算和分析成本差异
E. 计算和分析成本差异所依据的成本相同

8. 决定一个企业采用何种成本计算方法的因素有（   ）。
A. 企业生产组织特点　　　　　B. 企业生产工艺过程特点
C. 企业成本管理要求　　　　　D. 成本会计机构设置

E. 成本会计人员配置
9. 产品成本计算分类法的特点有( )。
A. 按产品的品种归集费用计算成本
B. 成本计算对象是各类产品成本
C. 按产品的类别归集费用计算各类产品成本
D. 类内不同品种产品的成本采用一定的分配方法分配确定
E. 不同类产品之间的成本采用系数法分配确定
10. 下列各项属于副产品的有( )。
A. 家具企业生产的各种家具   B. 煤矿生产的各种煤炭
C. 炼原油过程中产生的渣油   D. 炼铁生产中产生的高炉煤气
E. 利用制皂生产中的废水生产的甘油
11. 实际所耗材料应负担的材料成本差异有( )。
A. 材料实际消耗量乘以材料计划单价,再乘以材料成本差异率
B. 材料定额消耗量乘以材料计划单价,再乘以材料成本差异率
C. 材料定额费用乘以材料成本差异率
D. 材料定额费用与材料脱离定额差异金额之和,乘以材料成本差异率
E. 材料计划成本乘以材料成本差异率
12. 原材料脱离定额差异的核算方法,一般有( )。
A. 限额法   B. 差异凭证法
C. 切割核算法   D. 盘存法
E. 差额法
13. 计算材料成本差异率的计算依据有( )。
A. 月初结存材料的计划成本   B. 本月收入材料的实际成本
C. 月初结存材料成本差异   D. 本月收入材料计划成本
E. 本月收入材料成本差异
14. 成本按照成本性态分类,可分为( )。
A. 可控成本   B. 不可控成本
C. 固定成本   D. 变动成本
E. 混合成本
15. 下列各项中,属于作业成本核算的内容的有( )。
A. 作业调研   B. 作业认定
C. 成本归集   D. 设计模型
E. 运行分析
16. 目标成本法的主要形式有( )。
A. 基于价格的目标成本法   B. 基于价值的目标成本法
C. 基于作业成本管理的目标成本法   D. 基于利润的目标成本法
E. 基于客户管理的目标成本法
17. 计算目标成本的主要方法有( )。

A. 目标成本 = 预期售价 – 目标利润

B. 目标成本 = 预期销售量 × （预期售价 – 目标单位利润）+ 预期固定成本

C. 目标成本 = 目标利润 + 目标销售成本

D. 目标成本 = 目标利润 – 目标销售成本

E. 目标成本 = 预期销售量 × （预期售价 + 目标单位利润）– 预期固定成本

四、不定项选择题（在下列备选答案中选出 1～5 个正确的答案，并将序号字母填在括号内）

1. 在定额法下，产品的实际成本是下列哪些项目的代数和（　　）。

   A. 按现行定额计算的产品定额成本　　B. 脱离现行定额的差异

   C. 材料成本差异　　D. 月初在产品定额变动差异

   E. 月末在产品定额变动差异

2. 成本习性是指（　　）。

   A. 与利润的依存关系　　B. 与成本的依存关系

   C. 经济内容　　D. 与业务量的依存关系

   E. 经济用途

3. 标准成本一般可分为（　　）。

   A. 综合标准成本　　B. 理想标准成本

   C. 正常标准成本　　D. 现实标准成本

   E. 历史标准成本

4. 分解混合成本的方法主要有（　　）。

   A. 高低点法　　B. 散布图法

   C. 回归直线法　　D. 定额法

   E. 标准成本法

5. 作业成本法的一般程序是（　　）。

   A. 按照成本性态（习性），可以把成本分为：固定成本、变动成本和混合成本三类

   B. 在作业分析的基础上，确认作业、主要作业，划分作业中心

   C. 按照制定标准成本所依据的生产技术和经营水平，可分为理想标准成本、正常标准成本和现实标准成本

   D. 以作业中心为成本库归集费用

   E. 将各作业成本库归集的成本分配计入最终产品或劳务上，计算产品或劳务成本

五、判断说明题（正确的打"√"，错误的打"×"并说明理由）

1. 制造业企业的副产品如果加工处理所需时间不长，费用不多，为了简化成本计算工作，可按计划单位成本计价，而不计算副产品的实际成本。　　　　　　　　　　　　　（　　）

2. 用分类法计算出的类内各种产品的成本带有一定的假定性。　　　　　　　　（　　）

3. 制定定额成本的过程，也是进行成本事前控制的过程。　　　　　　　　　　（　　）

4. 产品定额成本与计划成本的相同之处在于均在计划期内保持不变。　　　　　（　　）

5. 在计算月初在产品定额变动差异时,若是定额降低的差异,应从月初在产品定额成本中减去,同时加入本月产成品成本中。（ ）

6. 采用限额法核算原材料脱离定额差异时,要控制用料不超支,不仅要控制领料不超过限额,还要控制投产的产品数量不少于计划规定的产品数量。（ ）

7. 废料的超定额回收不一定是原材料脱离定额的有利差异。（ ）

8. 变动成本法下的产品成本,包括全部成本中的变动成本。（ ）

9. 标准成本法与定额法的根本区别在于是否为各种成本差异单独设置账户。（ ）

10. 所耗原材料的定额费用与脱离定额差异的代数和,就是该原材料实际费用。（ ）

六、业务核算题

1. 【目的】练习分类法的应用。

【资料】红海制造有限公司采用分类法进行产品成本计算,Y 类产品分为 JYB-01、JYB-02、JYB-03 三个品种,JYB-01 为标准产品,类内原材料费用按定额费用系数分配,Y 类完工产品直接材料为 539 400 元。产量及定额资料如下：

(1) JYB-01 产品产量 800 件,单位产品原材料定额为 480 元；

(2) JYB-02 产品产量 1 200 件,单位产品原材料定额为 624 元；

(3) JYB-03 产品产量 600 件,单位产品原材料定额为 432 元。

【要求】计算系数并据以分配计算 JYB-01、JYB-02、JYB-03 三种产品应负担的原材料费用。

2. 【目的】练习分类法的应用。

【资料】长城制造有限公司生产的 A 类产品,类内又有甲、乙、丙、丁四种产品。A 类产品的原材料费用按照各种产品的原材料费用系数进行分配,原材料费用系数按原材料费用定额确定,丙种产品为标准产品；其他费用按定额工时的比例进行分配。A 类产品的产量和产品成本明细账等资料见表 1-5-1 和表 1-5-2。

表 1-5-1　　　　　　A 类产品的产量、费用定额、工时定额资料

产品名称	材料费用定额（元）	单位产品工时定额（小时）	产量（件）
甲	615	150	400
乙	492	145	300
丙	410	130	650
丁	369	120	800

表 1-5-2　　　　　　　　A 类产品成本明细账　　　　　　　　　　　单位：元

项　目	直接材料	燃料和动力	直接人工	制造费用	合　计
月初在产品成本	2 305	85	160	572	3 122
本月发生费用	835 067	230 115	270 000	235 819	1 571 001
合计	837 372	230 200	270 160	236 391	1 574 123
完工产品成本	834 140	230 040	269 800	235 720	1 569 700
月末在产品成本	3 232	160	360	671	4 423

【要求】根据上述资料，计算 A 类产品内甲、乙、丙、丁各种产成品成本，并将计算结果填入表 1-5-3。

表 1-5-3　　　　　　　A 类产品内各种产成品成本计算表　　　　　　　单位：元

项　目	产量	原材料费用系数	原材料费用总系数	单位产品定额工时	定额总工时	直接材料	直接燃料及动力	直接人工	制造费用	成本合计
分配率										
甲产品										
乙产品										
丙产品										
丁产品										
合　计										

3.【目的】练习定额法下定额变动差异的计算。

【资料】红海制造有限公司大量生产 BA-33 产品，采用定额法计算产品成本。BA-33 产品的单位定额为 260 元，由于改进技术，降低了原材料消耗，重新修订原材料定额，新定额为 234 元。修订定额当月的月初在产品定额为 7 420 元，当月投入原材料定额为 22 060 元，完工产品 80 件。

【要求】

（1）采用系数折算法计算原材料定额变动差异。

（2）计算该月末在产品的原材料定额费用。

4.【目的】练习定额法下的产品原材料成本计算。

【资料】海虹制造有限公司 2024 年 4 月有关 BAG-11 产品原材料费用的资料如下：

（1）月初在产品定额费用为 5 000 元，月初在产品脱离定额的差异为节约 250 元，月初在产品定额费用调整为降低 100 元，定额变动差异全部由完工产品负担。

（2）本月定额费用为 130 000 元，本月脱离定额差异为节约 2 448 元，按定额费用比例在完工产品与在产品之间进行分配。

（3）本月原材料成本差异率为节约 3%，材料成本差异全部由完工产品负担。

（4）本月完工产品的定额费用为 110 000 元。

【要求】

（1）计算月末在产品的原材料定额费用。

（2）计算完工产品和月末在产品的原材料实际费用。

七、简述题

1. 简述分类法的特点、适用范围和优缺点。

2. 简述定额法的优点。

3. 简述定额成本与计划成本的异同。

4. 与完全成本法（制造成本法）相比较，变动成本法有何特点？

5. 简述标准成本法与定额法的区别。

6. 简述作业成本法的优缺点。

第六章
产品成本、费用报表的编制与分析

● 思维导图

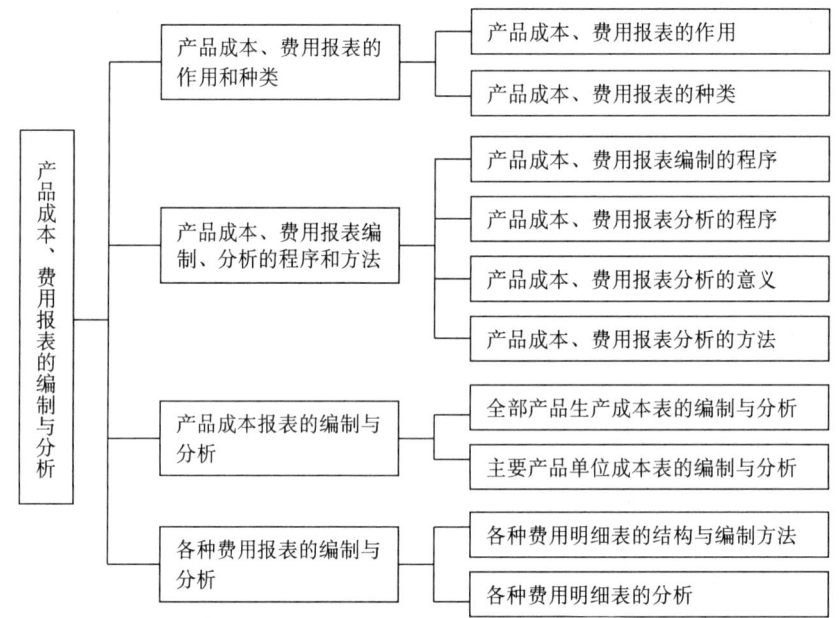

● 重点、难点提示

本章重点：

1. 各种产品成本、费用报表（产品成本表、主要产品单位成本表、制造费用明细表、期间费用明细表等）的编制。

2. 产品成本报表的分析方法包括比较分析法、比率分析法、连环替代法和差额计算法等。

本章难点：

1. 产品成本、费用报表的编制和分析。

2. 各种费用报表的编制和分析。

学习指南

成本费用报表是企业提供成本费用信息的重要手段。如何适应企业内部经营管理的需要，从企业实际情况出发，正确地设计和编制各种成本费用报表，是成本会计工作的重要内容。而只有学会分析成本费用报表，才能发挥成本费用报表在正确评价企业成本工作、改善企业经营管理方面的作用。因此，本章内容一定要给予足够的重视，不能草率，一带而过。学习本章时：

首先要了解成本费用报表的作用、种类和作为对内报表所具有的特点，学习和掌握成本费用报表分析的程序和分析的方法。

其次，通过模拟实训和作业练习熟练掌握各种成本费用报表的内容结构、编制方法和运用各种分析方法分析各种成本费用报表的技能。

练 习 题

一、名词解释

1. 产品成本、费用报表

2. 比较分析法

3. 比率分析法

4. 连环替代法

5. 差额计算法

6. 产品生产成本表

7. 可比产品

8. 不可比产品

9. 可比产品成本降低额

10. 可比产品成本降低率

二、**单项选择题**（在下列备选答案中选出一个正确的答案，并将序号字母填在括号内）

1. 根据现行有关制度规定，成本报表属于(　　)。
A. 外部报表
B. 内部报表
C. 既是内部报表，又是外部报表
D. 是内部报表还是外部报表由企业自行决定

2. 连环替代法是用来计算几个相互联系的因素，对综合经济指标变动的(　　)。
A. 影响　　　　　　　　　　　B. 不同影响
C. 影响的程度　　　　　　　　D. 影响的情况

3. 将不同时期同类指标的数值对比求出比率，进行动态比较，据以分析各项指标的增减变动和变动趋势的分析法是(　　)。
A. 动态比率分析　　　　　　　B. 相关指标比率分析
C. 构成比率分析　　　　　　　D. 比较分析

4. 分析成本报表，应从(　　)开始。
A. 全部产品成本计划完成情况的总评价
B. 单位产品成本计划完成情况的总评价
C. 全部产品实际成本完成情况的总评价

D. 单位产品实际成本完成情况的总评价

5. 运用连环替代法时要正确确定各因素的（　　）。
   A. 重要程度　　　　　　　　B. 排列顺序
   C. 详细程度　　　　　　　　D. 价值大小

6. 通过指标对比，从数量上确定差异的分析方法是（　　）。
   A. 比率分析法　　　　　　　B. 连环替代法
   C. 比较分析法　　　　　　　D. 差额计算法

7. 通过计算和对比经济指标的比率，进行数量分析的分析方法是（　　）。
   A. 比较分析法　　　　　　　B. 差额计算法
   C. 连环替代法　　　　　　　D. 比率分析法

8. 产值成本率是产品总成本与（　　）的比率。
   A. 总产值　　　　　　　　　B. 净产值
   C. 产品价值　　　　　　　　D. 商品产值

9. 可比产品成本降低率是指（　　）与可比产品按上年实际平均单位成本计算的总成本的比率。
   A. 可比产品本年累计实际总成本　　B. 可比产品成本降低额
   C. 可比产品上年累计实际总成本　　D. 可比产品单位成本降低额

10. 下列分析方法中只适用于同质指标的数量对比是（　　）。
    A. 比率分析法　　　　　　　B. 连环替代法
    C. 差额计算法　　　　　　　D. 比较分析法

三、多项选择题（在下列备选答案中选出2~5个正确的答案，并将序号字母填在括号内）

1. 制造业企业的成本、费用报表一般包括（　　）。
   A. 产品成本表　　　　　　　B. 制造费用明细表
   C. 主要产品单位成本表　　　D. 期间费用明细表
   E. 生产费用表

2. 比较分析法是指通过指标对比，从数量上确定差异的一种分析法。实际工作中采用的形式通常有（　　）。
   A. 以成本的实际指标与成本计划或定额指标对比
   B. 以两个性质不同但又相关的指标对比
   C. 以不同时期指标的数值对比
   D. 以本期实际成本指标与前期（上期、上年同期或历史上最好水平）的实际成本指标对比
   E. 以本企业实际成本指标（或某项技术经济指标）与国内外同行业先进指标对比

3. 下列指标中，属于相关指标比率的有（　　）。
   A. 产值成本率　　　　　　　B. 成本利润率
   C. 销售成本率　　　　　　　D. 原材料费用比率

E. 制造费用比率

4. 影响产品材料费用总额变动的因素很多，按其相互关系可归纳为(　　)。
   A. 单位产品材料消耗量　　　　　B. 材料成本降低额
   C. 产品产量　　　　　　　　　　D. 材料单价
   E. 材料成本降低率

5. 成本报表分析的基本方法有(　　)。
   A. 指数法　　　　　　　　　　　B. 图表法
   C. 比率分析法　　　　　　　　　D. 比较分析法
   E. 本量利分析法

6. 产品成本表的结构包括(　　)。
   A. 可比产品成本表　　　　　　　B. 单位产品成本表
   C. 基本报表　　　　　　　　　　D. 补充资料
   E. 不可比产品成本表

7. 影响可比产品成本降低计划完成情况的因素有(　　)。
   A. 产品产量　　　　　　　　　　B. 产品成本构成
   C. 产品单位成本　　　　　　　　D. 本年计划总成本
   E. 上年实际总成本

8. 制造业企业编制的费用报表主要有(　　)。
   A. 制造费用明细表　　　　　　　B. 销售费用明细表
   C. 管理费用明细表　　　　　　　D. 财务费用明细表
   E. 生产费用明细表

9. 影响可比产品成本降低额变动的因素有(　　)。
   A. 产品产量　　　　　　　　　　B. 产品单位成本
   C. 上年实际单位成本　　　　　　D. 产品品种构成
   E. 计划单位成本

10. 影响可比产品成本降低率变动的因素有(　　)。
    A. 产品产量　　　　　　　　　　B. 产品单位成本
    C. 产品品种构成　　　　　　　　D. 实际降低率
    E. 计划降低率

四、不定项选择题（在下列备选答案中选出 1~5 个正确的答案，并将序号字母填在括号内）

1. 制造业企业成本、费用报表是反映(　　)。
   A. 本期经营成果的书面文件
   B. 本期财务状况的书面文件
   C. 本期现金流量的书面文件
   D. 本期经营成果、财务状况及现金流量的书面文件
   E. 本期产品成本和各项费用实际水平及其构成情况的书面文件

2. 生产成本（按成本项目反映）表与生产成本（按产品种类反映）表的各项指标之间（　　）。

　　A. 两表中按上年实际平均单位成本计算的本年累计总成本应核对相符

　　B. 两表的本年计划数应核对相符

　　C. 两表的本月实际总成本的合计数与本年累计实际总成本的合计数，应核对相符

　　D. 相应的各项指标均应核对相符

　　E. 各项目之间没有必然的联系

3. 下列关于比较分析法说法中，正确的是（　　）。

　　A. 只适用于同质指标的数量对比

　　B. 要注意相比指标的可比性

　　C. 如果相比的指标之间有不可比的因素就不能用

　　D. 适用于两个性质不同但有相关的指标对比

　　E. 比较分析法的主要作用在于揭示客观上存在的差距，并为进一步分析指出方向

4. 产品成本、费用报表属于内部报表，不对外公开，因此，报表的种类、格式、项目和编制方法由（　　）。

　　A. 企业自行确定

　　B. 主管企业的上级机构会同企业共同商定

　　C. 国家主管机关统一规定

　　D. 企业和国家主管机关共同商定

　　E. 国家主管机关与主管企业的上级机构共同商定

5. 单纯产品产量变动对可比产品成本降低计划执行情况的影响是（　　）。

　　A. 使成本降低额增加或减少

　　B. 使成本降低率升高或降低

　　C. 只影响成本降低额，不影响成本降低率

　　D. 只影响成本降低率，不影响成本降低额

　　E. 既影响成本降低额，又影响成本降低率

五、判断说明题（正确的打"√"，错误的打"×"并说明理由）

1. 成本报表属于内部报表，不对外公开，因此成本报表的种类、格式、项目指标的设计和编制方法、编报日期等由企业自行决定。（　　）

2. 运用连环替代法时要正确确定各因素的排列顺序。在分析相同问题时要按照同一排列顺序进行替换，否则会得出不同的计算结果。（　　）

3. 影响可比产品成本降低计划完成情况的主要因素是产品单位成本和产品品种构成。（　　）

4. 成本报表提供的实际产品成本和费用支出资料，不仅可满足企业内部的需要，还可以满足国家宏观调控的需要。（　　）

5. 产品成本报表，是反映企业在报告期内所产生全部产品的总成本和各种主要产品单位成本及总成本的报表。利用产品成本报表，可以对企业成本工作进行一般评价。（　　）

六、业务核算题

1. 【目的】练习连环替代分析法、差额计算法的运用。

【资料】华能制造有限公司的材料费用总额、产品产量、单位产品材料消耗量和材料单价的计划指标与实际指标的资料见表 1-6-1。

表 1-6-1

指　　标	单　位	计划数	实际数	差　　异
产品产量	件	100	102	+2
单位产品材料消耗量	千克	30	26	-4
材料单价	元	12	15	+3
材料费用总额	元	36 000	39 780	3 780

【要求】采用连环替代法、差额计算法分析各因素变动对材料费用总额变动的影响程度。

2. 【目的】练习全部产品成本计划完成情况分析。

【资料】长江制造有限公司 2024 年 6 月产品成本报表见表 1-6-2，产值成本计划率为 31 元/百元，商品产值本月实际数按现行价格计算为 65 894 元。

表 1-6-2　　　　　　　　　　　　　　产品成本报表

产品名称	计量单位	实际产量	单位成本（元）			总成本（元）		
			上年实际平均	本年计划	本月实际	按上年实际平均单位成本计算	按本年计划单位成本计算	本月实际
可比产品合计								
RA01 产品	件	50	84	82	83			
RA02 产品	件	20	760	750	738			
不可比产品合计								
RA03 产品	件	8	—	125	128	—		
RA04 产品	件	3	—	370	365	—		
全部产品	—	—	—	—	—			

【要求】

(1) 计算和填列产品成本报表中总成本各栏数字。

(2) 分析全部产品成本计划的完成情况和产值成本率计划完成情况。

3. 【目的】练习可比产品成本降低计划完成情况分析。

【资料】承用表 1-6-2 产品成本报表中的可比产品部分。可比产品成本计划降低额为 196 元,计划降低率为 1.0103%。

【要求】

(1) 计算和填列产品成本报表中可比产品总成本各栏数字。

(2) 分析可比产品成本降低计划的完成情况。

4. 【目的】练习可比产品成本降低率计划完成情况分析。

【资料】长江制造有限公司 2024 年 6 月有关可比产品成本资料如下:

(1) 可比产品成本降低率为 8%。

(2) 产品成本报表有关可比产品部分资料见表 1-6-3。

(3) 本期材料涨价影响可比产品成本实际比计划升高 1 200 元。

表 1-6-3　　　　　　　　　　　产品成本报表

可比产品	产量（件）		单位成本（元）			总成本（元）		
	计划	实际	上年实际平均	本年计划	本期实际	按上年实际平均成本计算	按本年计划计算	本期实际
JIA01	16	26	400	370	350			
JIA02	22	20	200	190	195			
合计								

【要求】
（1）计算并填列产品成本报表中总成本各栏数字。
（2）检查可比产品成本降低率计划完成情况，分析其升降原因，并做出评价。

5.【目的】练习产品单位成本分析。
【资料】华夏制造有限公司 JK-838 产品单位成本表见表 1-6-4。

表 1-6-4　　　　　　　　　　　主要产品成本表
产品名称：JK-838　　　　　　　　　　　　　　　　　　　　　　　　　　金额单位：元

成本项目	上年实际平均	本年计划	本期实际
直接材料	1 980	1 990	2 000
直接人工	250	260	240
制造费用	450	440	430
合　计	2 680	2 690	2 670
主要技术经济指标	耗用量	耗用量	耗用量
原材料消耗量（千克）	1 000	950	940
原材料单价（元）	2.0	2.1	2.2

【要求】
（1）分析 JK-838 产品单位成本变动情况。
（2）分析影响原材料费用变动的各因素和各因素变动的影响程度。

6. 【目的】练习工资费用分析。

【资料】红梅制造有限公司 JIK-868 产品工资单位成本费用分析表见表 1-6-5。

表 1-6-5　　　　　　　　　JIK-868 产品单位成本工资费用分析表

工种名称	耗用量（小时）		工资率（元/小时）		工资费用（元）		差　异	
	计划	实际	计划	实际	计划	实际	数量	金额
锻工	20	18	13.50	14				
钳工	32	30	8.75	9				
合计								

【要求】

（1）计算并填列 JIK-868 产品单位成本工资费用分析表。

（2）采用差额计算分析法分析 JIK-868 产品工资费用变动的情况。

七、简述题

1. 简述产品成本、费用报表的作用。

2. 简述产品成本、费用报表分析的一般程序。

3. 什么是连环替代法?简述连环替代法的计算程序。

4. 在主要产品单位成本表的编制和分析中,对产品成本计划完成情况进行分析时,要注意什么问题?

第二部分
模 拟 实 训

实训一
成本核算的一般程序模拟实训

一、实训目的

● 归集和分配各项费用，了解成本核算的一般程序。
● 编制各项费用分配表，根据原始凭证填制记账凭证（编制会计分录），并据以登记产品生产成本明细账。

二、实训资料

中环器具制造有限责任公司设有一个基本生产车间和两个辅助生产车间（供电车间和修理车间），基本车间生产 JA01、JA02 两种产品，辅助车间分别提供供电和修理劳务，辅助车间发生的制造费用直接记入"辅助生产成本"。2024 年 5 月初，分别投产 JA01 产品 2 000 件，JA02 产品 4 000 件，月末全部完工。本月部分有关资料如下：

1. JA01、JA02 产品共同耗用原材料为 20 000 千克，每千克为 25.6 元，JA01、JA02 产品单位消耗定额分别为 12 千克和 10 千克，车间一般耗用材料为 10 000 元。

2. 本月共发生应付工资总额 140 000 元，其中 JA01、JA02 产品生产工人工资共 104 000 元，车间管理人员工资为 16 000 元，企业行政办公人员工资为 8 000 元，专设销售机构人员工资为 12 000 元。单件 JA01 产品实际生产工时为 10 小时，单件 JA02 产品实际生产工时为 8 小时。该公司本月实际发生的福利费如下：生产 JA01 产品的工人应付负担的福利费为 5 600 元；生产 JA01 产品的工人应付负担的福利费为 8 960 元；车间管理人员应负担的福利费为 2 240 元；行政管理人员应负担的福利费为 1 120 元；专设销售机构人员应负担的福利费为 1 680 元。

3. 生产车间发生固定资产折旧费 6 400 元，行政办公用房折旧 10 000 元。

4. 供电车间发生的实际费用总额为 18 000 元，服务的对象和耗用劳务量为：修理车间用电 2 000 度，基本生产车间用电 20 000 度，行政管理部门用电 8 000 度；修理车间发生的实际费用总额为 10 000 元，服务的对象和耗用劳务量为：供电车间修理用工时 500 小时，基本生产车间修理用工时 4 500 小时。

三、实训要求

1. 按原材料定额消耗量比例分配材料费用，填写材料费用分配表（见表 2-1-1），并编制会计分录。

表 2-1-1　　　　　　　　　　材料费用分配表
2024 年 5 月

应借科目	直接计入金额（元）	分配计入		材料费用合计（元）
		定额消耗量（千克）	分配金额（分配率____）	
基本生产成本——JA01 产品 ——JA02 产品				
制造费用				
合　计				

2. 按 JA01、JA02 产品的生产工时比例分配直接人工费用，并编制会计分录。请写出计算过程，并填写表 2-1-2。

表 2-1-2　　　　　　　　　　职工薪酬分配表
2024 年 5 月　　　　　　　　　　　　　　　　　　　　单位：元

应借科目		直接计入	分配计入			工资合计	福利费	职工薪酬合计
			生产工时（小时）	分配率	分配金额			
基本生产成本	JA01							
	JA02							
	小计							
制造费用								
管理费用								
销售费用								
合　计								

3. 根据折旧费用分配表（见表 2-1-3），编制固定资产折旧的会计分录。

表 2-1-3　　　　　　　　　　折旧费用分配表
2024 年 5 月　　　　　　　　　　　　　　　　　　　　单位：元

项　目	基本生产车间	行政管理部门	合　计
折旧费	6 400	10 000	

4. 采用交互分配法分配辅助生产费用（写出计算过程），编制会计分录，并完成辅助生产费用分配表（见表2-1-4）。

表2-1-4　　　　　　　　　　　　辅助生产费用分配表

2024年5月　　　　　　　　　　　　　　　　　　　　　　　　　　　　单位：元

项　　目			交互分配法			对外分配		
辅助生产车间名称			供电	修理	合计	供电	修理	合计
待分配的费用								
劳务供应数量								
费用分配率								
辅助生产成本	供电车间	数量						
		金额						
	机修车间	数量						
		金额						
	金额小计							
制造费用	基本生产车间	数量						
		金额						
管理费用		数量						
		金额						
对外分配金额合计								

5. 按生产工人工时比例分配制造费用（写出计算过程），编制会计分录，并完成制造费用分配表（见表2-1-5）。

表2-1-5　　　　　　　　　　　　制造费用分配表

2024年5月　　　　　　　　　　　　　　　　　　　　　　　　　　　　单位：元

产品名称	分配标准	分配率	分配金额
JA01			
JA02			
合　　计			

6. 登记基本生产成本明细账（见表2-1-6和表2-1-7）。

表2-1-6　　　　　　　　　　　　基本生产成本明细账

产品名称：JA01产品

投产数量：2 000件　　　　　　　　2024年5月　　　　　　　　　　　　单位：元

2024年		凭证号数	摘　要	成本项目			合　计
月	日			直接材料	直接人工	制造费用	
5	略	略	原材料费用分配				
	略	略	职工薪酬分配				

续表

2024年		凭证号数	摘要		成本项目			合计
月	日				直接材料	直接人工	制造费用	
		略	制造费用分配					
5	31		完工产品成本	总成本				
5	31			单位成本				

表 2–1–7　　　　　　　　　　　基本生产成本明细账

产品名称：JA02 产品
投产数量：4 000 件　　　　　　　　　2024 年 5 月　　　　　　　　　单位：元

2024年		凭证号数	摘要		成本项目			合计
月	日				直接材料	直接人工	制造费用	
5		略	原材料费用分配					
		略	职工薪酬分配					
		略	制造费用分配					
5	31		完工产品成本	总成本				
5	31			单位成本				

实训二
原材料费用的分配模拟实训

一、实训目的

● 掌握消耗定额与定额消耗量指标之间的关系。
● 熟练掌握按原材料定额消耗量比例法分配原材料费用，计算产品原材料实际消耗量。
● 掌握企业按计划成本核算，月末如何将原材料计划价格成本调整成为原材料实际成本。

二、实训资料

华天制造有限责任公司生产 KT-M1、KT-M2 两种产品，企业材料消耗定额比较准确、稳定，而且执行厂内计划价格。

1. 2024 年 6 月，KT-M1 产品本月投产 200 件，KT-M2 产品本月投产 300 件，材料成本差异为节约 2%，生产中耗用的原材料情况见表 2-2-1（车间无期初、期末余料）。

表 2-2-1　　　　　　　　　　　领　料　单

领料部门：一车间

用途：生产 KT-M1、KT-M2 产品　　　2024 年 6 月 5 日　　　　凭证编号：082

材料编号	材料名称及规格	计量单位	数量		价格	
			请领	实发	计划单价	金额
85212	E 材料	千克	148 500	148 500	3	445 500
85213	M 材料	千克	25 920	25 920	5	129 600
85214	W 材料	千克	8 075	8 075	6	48 450
85215	K 材料	千克	21 560	21 560	2	43 120
备注：					合计	666 670

第二联　记账联

记账：（印）　　审批人：（印）　　领料人：（印）　　发料人：（印）

2. 材料耗用情况见表 2-2-2。

表 2-2-2　　　　　　　　　　　　材料耗用表

2024 年 6 月 5 日

材料名称	计划单价（元）	KT-M1 产品消耗定额（千克）	KT-M2 产品消耗定额（千克）	实际消耗总量（千克）
E 材料	3	300	350	148 500
M 材料	5	60	50	25 920
W 材料	6	20	15	8 075
K 材料	2	50	40	21 560

三、实训要求

1. 根据上列资料，按照原材料定额消耗量比例，将本月原材料实际耗用量在 KT-M1、KT-M2 两种产品之间分配，计算各种产品的原材料实际消耗量。
2. 计算 KT-M1、KT-M2 两种产品所耗原材料的实际费用。
3. 编制原材料费用分配表（见表 2-2-3），并据以编制会计分录。

表 2-2-3　　　　　　　　　　　　材料费用分配表

2024 年 6 月 5 日　　　　　　　　　　　　　　　　　　　　　　　　单位：元

	应借科目		基本生产成本		合　计
			KT-M1 产品	KT-M2 产品	
分配计入（定额消耗量比例）	E 材料（分配率___）	实际消耗量			
		计划单价			
		计划价格成本			
		材料成本差异（-2%）			
		实际费用			
	M 材料（分配率___）	实际消耗量			
		计划单价			
		计划价格成本			
		材料成本差异（-2%）			
		实际费用			
	W 材料（分配率___）	实际消耗量			
		计划单价			
		计划价格成本			
		材料成本差异（-2%）			
		实际费用			

续表

应借科目		基本生产成本		合　计
		KT-M1 产品	KT-M2 产品	
K 材料 （分配率＿＿）	实际消耗量			
	计划单价			
	计划价格成本			
	材料成本差异（-2%）			
	实际费用			
合　计	实际消耗量			
	计划价格成本			
	材料成本差异			
	实际费用			

实训三
辅助生产费用的归集与分配模拟实训

一、实训目的

- 正确操作辅助生产费用的归集与分配。
- 运用直接分配法、交互分配法和按计划成本分配法分配辅助生产费用，并能根据不同的分配方法编制辅助生产费用分配表，进行相关账务处理。
- 通过核算过程体会各种方法的特点、优缺点及适用条件。

二、实训资料

实德配件厂设置供电和运输两个辅助生产车间。辅助生产车间发生的各项车间经费，直接记入"辅助生产成本"科目核算。2024年6月，供电车间发生的费用为17 500元，提供劳务25 000度，其中：为运输车间供电5 000度，为生产HK-11产品供电7 000度，为生产HK-22产品供电8 000度，为基本生产车间供电3 000度，为企业管理部门供电2 000度。运输车间发生运费36 000元，运输总量为15 000吨公里，其中为供电车间运输3 000吨公里，为基本生产车间运输8 000吨公里，为企业管理部门运输4 000吨公里。供电车间计划单位成本为0.6元/度，运输车间计划单位成本为2.5元/吨公里。

三、实训要求

1. 采用直接分配法计算分配电费、运输费用，列示计算过程，并编制费用分配表（见表2-3-1）和有关会计分录。

表2-3-1　　　　　　　　　　辅助生产费用分配表

（直接分配法）　　　　　　　　　　金额单位：元

项　目	供电车间	运输车间	合　计
待分配辅助生产费用（元）			

续表

项目		供电车间	运输车间	合 计
供应辅助生产以外的劳务数量				
单位成本（分配率）				
基本生产	HK-11产品 耗用数量			
	分配金额			
	HK-22产品 耗用数量			
	分配金额			
基本生产车间	耗用数量			
	分配金额			
行政管理部门	耗用数量			
	分配金额			
合 计				

2. 采用交互分配法分配辅助生产费用，并编制分配表（见表2-3-2）和会计分录。

表2-3-2　　　　　　　　　辅助生产费用分配表
（交互分配法）　　　　　　　　　　　　　　　金额单位：元

分配方向		交互分配			对外分配		
辅助生产车间名称		供电	运输	合计	供电	运输	合计
待分配费用							
劳务供应数量							
分配率（单位成本）							
辅助生产车间	供电 耗用数量						
	分配金额						
	运输 耗用数量						
	分配金额						
基本生产	HK-11产品 耗用数量						
	分配金额						
	HK-22产品 耗用数量						
	分配金额						
基本生产车间	耗用数量						
	分配金额						
行政管理部门	耗用数量						
	分配金额						
合 计							

3. 采用计划成本分配法分配辅助生产费用,编制辅助生产费用分配表(见表 2-3-3),辅助生产成本差异全部计入管理费用,并编制有关会计分录。

表 2-3-3　　　　　　　　　　　　**辅助生产费用分配表**

（计划成本分配法）　　　　　　　　　　　　金额单位：元

辅助生产车间			供 电	运 输	合 计
待分配费用					
劳务供应量					
计划单位成本					
辅助生产车间	供电车间	耗用数量			
		分配金额			
	运输车间	耗用数量			
		分配金额			
基本生产	HK-11 产品	耗用数量			
		分配金额			
	HK-22 产品	耗用数量			
		分配金额			
基本生产车间		耗用数量			
		分配金额			
管理部门		耗用数量			
		分配金额			
按计划成本分配金额合计					
辅助生产实际费用					
辅助生产成本差异					

4. 通过上述三种方法的具体核算过程比较"辅助生产成本"账户发生额,总结并分析每一种方法的特点、优缺点和适用条件。

实训四
废品损失的归集与分配模拟实训

一、实训目的

- 理解并掌握废品（可修复废品和不可修复废品）和废品损失的含义。
- 掌握"废品损失"账户的结构。
- 熟练掌握废品损失的核算。重点掌握不可修复废品的生产成本及废品净损失的计算。

二、实训资料

（一）海印有限公司生产车间生产 YI－K1 产品，2024 年 5 月投产 60 件，生产过程中发现 20 件产品为不可修复废品。合格品生产工时为 17 400 小时，废品工时为 600 小时；YI－K1 产品成本明细账所列的全部生产费用为：直接材料 30 000 元，燃料和动力 23 400 元，直接人工 27 000 元，制造费用 16 200 元。原材料在生产开始时一次投入，原材料费用按合格品数量和废品数量比例进行分配，其他费用按生产工时比例分配。废品残料入库作价 100 元。不可修复废品按其所耗实际费用计算。

（二）海印有限公司 2024 年 5 月各种费用分配表所列 YI－K2 产品可修复废品的修复费用为：直接材料 2 000 元，直接人工 700 元，制造费用 800 元，合计 3 500 元。发现不可修复废品 8 件，按定额成本计算废品生产成本。原材料定额费用为 80 元，已完成的定额工时 60 小时，每小时的费用为：直接人工 10 元，制造费用 20 元。回收废品残料 200 元。应由过失人赔款 100 元。废品净损失由本月同种合格品负担。

三、实训要求

根据实训资料（一）完成下列 1~2 项；根据实训资料（二）完成下列 3~5 项。

1. 编制不可修复废品损失计算表（见表 2－4－1），计算废品损失。

表 2-4-1　　　　　　　　　**不可修复废品损失计算表**

（按实际成本计算）　　　　　　　　　　　　　　　　　单位：元

项　目	数量（件）	直接材料	生产工时	燃料和动力	直接人工	制造费用	成本合计
合格品和废品生产费用							
费用分配率							
废品生产成本							
减：废品残值							
废品报废损失							

2. 编制废品损失有关会计分录。

3. 计算 YI-K2 产品不可修复废品的生产成本。

4. 计算 YI-K2 产品可修复废品和不可修复废品的净损失。

5. 编制归集可修复废品修复费用，结转不可修复废品成本、废品残值、责任人赔偿和废品净损失的会计分录。

实训五
期间费用的归集、结转与分配模拟实训

一、实训目的

● 理解期间费用核算的内容。
● 掌握期间费用账务处理的特点。期间费用发生时，企业需要填制或取得相应的原始凭证，如发票、收据、付款凭单、费用报销单、转账支票、现金支票、费用分配表等资料。据此编制记账凭证并登记账簿。

二、实训资料

1. 华泰机器加工厂 2024 年 9 月 10 日购买办公用品 9 000 元，其支票存根、购货发票和办公用品领用表见表 2-5-1 至表 2-5-3。

表 2-5-1

中国工商银行转账支票存根
支票号码 No. 1135980
科　　目＿＿＿＿＿＿
对方科目＿＿＿＿＿＿
签发日期 2024 年 9 月 10 日

| 收款人：普马特超市 |
| 金　额：¥9 000.00 |
| 用　途：购买办公用品 |
| 备　注： |

单位主管：冯晓　　会计：赵慧
复核：赵亮　　　　记账：宇楠

表 2-5-2   北海市商业零售统一发票
发 票 联

客户名称：华泰机器加工厂   2024 年 9 月 10 日   No. 348299

货号	品名及规格	单位	数量	单价	金额						
					万	千	百	十	元	角	分
	办公桌	张	10	400	4	0	0	0	0	0	0
	打印纸	本	200	10	2	0	0	0	0	0	0
	CASIO 计算器	个	6	500	3	0	0	0	0	0	0
合计	人民币玖仟元整				¥	9	0	0	0	0	0

收款企业：普马特超市（盖章有效）   收款人：王会   开票人：李继

表 2-5-3   办公用品领用表
2024 年 9 月 10 日

领用单位	办公桌	打印纸	CASIO 计算器	金额（元）
企业管理部门	10 张	200 本	6 个	9 000
合 计	10 张	200 本	6 个	9 000
领用者签字	刘御	张辰	赵慧倩	

2. 华泰机器加工厂于 9 月 25 日支付天美广告公司广告费 16 000 元，其原始凭证支票存根、发票见表 2-5-4 和表 2-5-5。

表 2-5-4

中国建设银行转账支票存根

支票号码 No. 0890036

科　　目　_____

对方科目　_____

签发日期 2024 年 9 月 25 日

收款人：天美广告公司
金　额：￥16 000.00
用　途：支付广告费
备　注：

单位主管：冯晓　会计：赵慧
复核：赵亮　记账：宇楠

表 2-5-5　　　　　　　　　服务业统一发票
　　　　　　　　　　　　　　　发　票　联

客户名称：华泰机器加工厂　　　　2024 年 9 月 25 日　　　　　　　　　No. 9855370

服务项目	时间	单价	金额							
			十	万	千	百	十	元	角	分
电视广告	10 秒	1 600	¥	1	6	0	0	0	0	0
合计	人民币壹万陆仟元整		¥	1	6	0	0	0	0	0

收款企业：天美广告公司（盖章有效）　　　收款人：胡楠　　　　　　开票人：高岳

3. 华泰机器加工厂月末预提短期借款利息 1 000 元，原始凭证有预提利息计算表（见表 2-5 6）。

表 2-5-6　　　　　　　　　预提利息计算表
　　　　　　　　　　　　　　2024 年 9 月 30 日

开户银行	费用种类	应借科目	金额（元）
工商银行	利息支出	财务费用	1 000.00

主管：　　　　　　记账：　　　　　　审核：　　　　　　制表：

三、实训要求

根据实训资料中的经济业务以及所列各原始凭证，登记记账凭证（见表 2-5-7、表 2-5-8、表 2-5-9），企业采用通用记账凭证。

表 2-5-7　　　　　　　　　记　账　凭　证
　　　　　　　　　　　　　　　年　月　日　　　　　　　　　　　　　字第 6 号

摘　要	总账科目	明细科目	借方金额									贷方金额									
			千	百	十	万	千	百	十	元	角	分	千	百	十	万	千	百	十	元	角	分
合　计																						

财务主管（签章）　　记账（签章）　　出纳（签章）　　审核（签章）　　制单（签章）

附单据　　张

表 2-5-8　　　　　　　　　　记　账　凭　证
　　　　　　　　　　　　　　　　年　月　日　　　　　　　　　　　　　字第 7 号

摘　要	总账科目	明细科目	借方金额 千百十万千百十元角分	贷方金额 千百十万千百十元角分
合　计				

附单据　　　张

财务主管（签章）　　　记账（签章）　　　出纳（签章）　　　审核（签章）　　　制单（签章）

表 2-5-9　　　　　　　　　　记　账　凭　证
　　　　　　　　　　　　　　　　年　月　日　　　　　　　　　　　　　字第 8 号

摘　要	总账科目	明细科目	借方金额 千百十万千百十元角分	贷方金额 千百十万千百十元角分
合　计				

附单据　　　张

财务主管（签章）　　　记账（签章）　　　出纳（签章）　　　审核（签章）　　　制单（签章）

实训六
生产费用在完工产品与在产品之间的分配模拟实训

一、实训目的

● 通过本实训的练习和操作,使学生熟练掌握生产费用在完工产品与在产品之间的几种分配方法,比较各种方法的优缺点。

● 能根据企业生产实际情况,选择合理的分配方法,提高产品成本计算的准确性;能够编制各种方法下的生产费用分配表,正确结转完工产品成本。

二、实训资料

在完工产品和在产品之间分配费用有七种方法。这七种方法的对比见表 2-6-1。企业选择合理的分配方法要综合考虑在产品数量的多少、在产品数量变化的大小、产品成本中各项费用所占比重以及企业定额管理基础的好坏等条件。在某种产品确定分配方法后,就应该保持稳定,不应随意变化。

表 2-6-1 生产费用在完工产品与月末在产品之间分配方法对比表

分配方法	适用条件			
	在产品数量的多少	在产品数量变化的大小	各项费用所占比重	定额管理基础的好坏
不计算在产品成本法	很小			
按年初数固定计算在产品成本法	较小或较大,但各月之间变化不大	变动不大		
在产品按所耗原材料计价法	较大	较大	原材料比重大	
约当产量比例法	较大	较大	各项费用比重相差不多	

续表

分配方法	适用条件			
	在产品数量的多少	在产品数量变化的大小	各项费用所占比重	定额管理基础的好坏
在产品按完工产品成本计算法	月末在产品已经接近完工，或者加工完毕，但尚未验收或包装入库的产品			
在产品按定额成本计价法		变动不大		定额准确、稳定
定额比例法		变动较大		定额准确、稳定

1. 中大公司生产 TK-M1 产品，原材料在生产开始时一次投入，产品成本中原材料费用所占比重较大，月末在产品按所耗原材料费用计算成本。2024 年 5 月，月初在产品的原材料费用 5 000 元；5 月发生的生产费用如下：原材料 70 000 元，燃料和动力 2 000 元，生产工人薪酬 2 600 元，制造费用 3 800 元。本月完工产品 450 件，月末在产品 50 件。

2. 中大公司 2024 年 5 月完工 TK-M2 产品 210 件（其中合格品 200 件，不可修复废品 10 件，不可修复废品损失全部由完工产品负担），月末在产品 20 件，完工率为 50%。月初在产品和本月生产费用累计：原材料 39 600 元，燃料和动力 20 580 元，生产工人薪酬 12 600 元，制造费用 18 900 元，废品损失 2 000 元。原材料在生产开始时一次投入，原材料费用按照完工产品和月末在产品数量比例分配，其他各项费用按照完工产品的数量和月末在产品的约当产量的比例进行分配。

3. 中大公司 2024 年 5 月，TK-M3 产品成本明细账所计资料如下：

（1）月初在产品：原材料 8 000 元，工资及福利费 6 000 元，制造费用 5 000 元；

（2）本月生产费用：原材料 22 000 元，生产工人薪酬 14 520 元，制造费用 23 500 元；

（3）本月完工产品 100 件，单件定额为：原材料 150 元，工时 100 小时；

（4）月末在产品 50 件，单件定额为：原材料 100 元，工时 28 小时。

4. 中大公司 2024 年 5 月生产 TK-M4 产品，各项消耗定额比较准确、稳定，各月末在产品数量变化不大，月末在产品按定额成本计算。该产品月初和本月发生的生产费用合计：原材料 90 000 元，生产工人薪酬 30 000 元，制造费用 20 000 元。原材料在生产开始时一次投入，单位产品原材料费用定额 100 元。完工产品产量 800 件，月末在产品 50 件，定额工时共计 120 小时。每小时费用定额：工资 10 元，制造费用 18 元。

三、实训要求

根据实训资料 1 完成下列第 1、2 项；根据实训资料 2 完成下列第 3、4 项；根据实训资料 3 完成下列第 5 项；根据实训资料 4 完成下列第 6 项。

1. 采用在产品按所耗原材料费用法在完工产品和在产品之间分配费用，并计算本月完工产品和月末在产品的总成本。

2. 登记 TK-M1 产品成本明细账（见表 2-6-2）。

3. 计算月末在产品的约当产量、各项费用的分配率、完工产品成本和月末在产品成本。

表 2-6-2　　　　　　　　　TK-M1 产品成本明细账

产品名称：TK-M1 产品　　　　　　　　　　　年　　月　　　　　　　　　　　　　单位：元

年		摘　　要	直接材料	燃料和动力	直接人工	制造费用	合　计
月	日						
		月初在产品					
		本月生产费用					
		合计					
		完工产品成本					
		月末在产品成本					

4. 编制完工 TK-M2 产品和在产品成本计算表（见表 2-6-3）。

表 2-6-3　　　　　　　　　完工产品和在产品成本计算表

产品名称：TK-M2 产品　　　　　　　　　　　年　　月　　　　　　　　　　　　　单位：元

项　　目	直接材料	燃料和动力	直接人工	制造费用	废品损失	合　计
生产费用累计						
在产品完工程度						
在产品约当产量						
完工产品产量						
分配率（单位成本）						
完工产品总成本						
月末在产品成本						

5. 采用定额比例法计算分配完工产品成本和月末在产品成本（原材料按定额费用比例分配，其他费用按定额工时比例分配），编制 TK-M3 产品成本计算单（见表 2-6-4）。

表 2-6-4　　　　　　　　　TK-M3 产品成本计算单

产品名称：TK-M3 产品　　　　　　　　　　　年　　月　　　　　　　　　　　　　单位：元

成本项目		直接材料	直接人工	制造费用	合　计
月初在产品					
本月生产费用					
生产费用合计					
费用分配率					
完工产品	定　额				
	实　际				
月末在产品	定　额				
	实　际				

6. 采用按定额成本计算在产品成本法，分配计算月末在产品成本和完工产品成本，并登记 TK–M4 产品成本计算单（见表 2–6–5）。

表 2–6–5 TK–M4 产品成本计算单

产品名称：TK–M4 产品　　　　　　　　　年　月　　　　　　　　　　　单位：元

成本项目	生产费用合计	月末在产品成本	完工产品成本
直接材料			
直接人工			
制造费用			
合　计			

实训七
品种法模拟实训

一、实训目的

● 理解品种法的适用条件。
● 掌握并理解品种法的核算程序,为分批法、分步法和分类法等成本计算方法的核算打好基础。
● 培养学生独立思考问题和有创造性地发表个人意见的能力。

二、实训资料

生产情况简介:利德笔业有限公司是生产笔类文具产品的小型工业企业。该公司主要生产圆珠笔和碳素笔两种产品,采用品种法计算产品成本。公司设有一个基本生产车间,另设有维修车间和恒温车间两个辅助生产车间,为生产提供劳务,辅助生产车间之间相互提供的劳务进行交互式分配,所发生的制造费用记入"辅助生产成本"科目。原材料均为生产开始时一次性投入。低值易耗品和保险费摊销期均在一年以上。由于企业的月末在产品所占投产比例较小(合计2.3%)且在产品的完工程度均较高,产品的单位成本又低,核算平均完工程度程序烦琐,所以我们对月末在产品成本用"在产品按完工产品计算法"计算分配。

成本控制过程:

第一步产品研发。根据客户对产品提出的个性化要求,确定碳素笔和圆珠笔的 BOM(物料清单见表 2-7-1);综合研发、财务、技术等各部门,根据市场预期售价、预期目标利润和税金考虑管理费用的分摊,制定目标成本,并按照成本要素进行分解(具体数据计算略)。

表 2-7-1　　　　　　　　　　利德笔业产品物料清单简表

产品名称	主　料	辅　料	备　注
圆珠笔	圆珠笔管、圆珠笔头、圆珠笔填充墨	防溢出保护油	
碳素笔	碳素笔管、碳素笔头、碳素笔填充墨		

第二步试生产。技术工程部门人员制定产品的生产工艺流程，测试和制定工时定额和材料消耗定额等。对形成产品质量缺陷的因素进行分析并解决。对影响产品成本的因素进行记录和测试。

第三步正式投产。生产部门根据物料清单，按定额领用材料。财务部门根据材料核算、职工薪酬核算、固定资产核算以及其他各项费用账户等数据，生产部门提供的工时统计数据，结合定额资料，对各项成本费用项目进行归集和分配，产生各项费用分配表，生成产品成本计算单。并进行成本分析与反馈：将料、工、费的实际值与目标值进行比较，找出产生差异的原因，并追溯到相应的成本行为，纠正不利偏差，为管理和决策提供依据。

相关数据资料：

1. 利德笔业本月产量资料见表 2-7-2。

表 2-7-2　　　　　　　　　　　　产　量　明　细　表

2024 年 9 月　　　　　　　　　　　　　　　　　　　　　　　　　　单位：盒

产品名称	月初在产品	本月投入数量	本月完工产品	月末在产品数量
圆珠笔	50	1 400	1 440	10
碳素笔	32	2 000	2 012	20

利德笔业产品圆珠笔、碳素笔的单支成本较小，产品以 100 支封盒后外销，为了简化核算同时提高产品成本核算精度，以盒（100 支）作为产品基本单位来核算。

2. 利德笔业月初在产品成本见表 2-7-3。

表 2-7-3　　　　　　　　　　　月初在产品成本表

2024 年 9 月　　　　　　　　　　　　　　　　　　　　　　　　　　单位：元

产品名称	直接材料	直接人工	制造费用	合　计
圆珠笔	1 200	600	1 300	3 100
碳素笔	1 600	5 000	900	7 500

3. 利德笔业本月发生的生产费用见表 2-7-4 至表 2-7-8。圆珠笔的累计生产工时为 2 000 小时，碳素笔的累计生产工时为 4 000 小时。

表 2-7-4 利德笔业领用原材料汇总表

领料部门：基本生产车间　　　　　　　　2024 年 9 月　　　　　　　　金额单位：元

名　称	规格	单位	数量 请领	数量 实发	成本 单价	成本 金额
圆珠笔管		百支	1 400	1 400		4 000
碳素笔管		百支	2 000	2 000		5 000
圆珠笔头		百支	1 400	1 400		4 200
碳素笔头		百支	2 000	2 000		21 000
圆珠笔填充墨		百支	1 400	1 400		6 500
碳素笔填充墨		百支	2 000	2 000		25 000
防溢出保护油*		千克	270	270		3 300
金额合计						69 000

注：圆珠笔的防溢出保护油定额耗用量为 90 千克；碳素笔的防溢出保护油定额耗用量为 210 千克。

表 2-7-5 利德笔业职工薪酬表

2024 年 9 月　　　　　　　　单位：元

员工类别	工　资	职工福利费	合　计
产品生产工人	18 000	2 520	20 520
维修车间	3 000	420	3 420
恒温车间	2 000	280	2 280
基本生产车间一般耗用	2 000	280	2 280
合　计	25 000	3 500	28 500

表 2-7-6 利德笔业折旧费用表

2024 年 9 月　　　　　　　　单位：元

车间名称	折旧金额
基本生产车间	16 000
维修车间	4 000
恒温车间	3 000
合　计	23 000

表 2-7-7　　　　　　　　　利德笔业外购动力费用表

2024 年 9 月　　　　　　　　　　　　　　　单位：元

车间名称	电费发生额	水费	燃煤	合计
基本生产车间	2 500	100		2 600
维修车间	500			500
恒温车间	1 000	1 500	1 000	3 500
合　　计	4 000	1 600	1 000	6 600

表 2-7-8　　　　　　　　　利德笔业其他费用表

2024 年 9 月　　　　　　　　　　　　　　　单位：元

车间名称	机物料消耗	低值易耗品摊销	办公费	保险费摊销	合计
基本生产车间	600	1 200	600	1 000	3 400
维修车间	200	500	200	300	1 200
恒温车间	200	400	100	500	1 200
合　　计	1 000	2 100	900	1 800	5 800

4. 辅助生产车间当月劳务量汇总表见表 2-7-9。

表 2-7-9　　　　　　　利德笔业辅助生产车间劳务量汇总表

2024 年 9 月

受益对象	修理小时	受益空间（平方米）
维修车间		200
恒温车间	50	
基本生产车间	870	4 600
合　　计	920	4 800

5. 利德笔业主要的费用分配方法：

（1）产品的共同材料费用按定额耗用量进行分配。

（2）生产工人的工资按两种产品的累计生产工时进行分配。

（3）制造费用按照产品的累计生产工时进行分配。

（4）产品成本在完工产品与在产品之间的分配方法采用在产品按完工产品计算法。

三、实训要求

根据实训资料和品种法的核算程序完成各要素费用分配表，填制辅助生产成本明细账、制造费用明细账和完工产品成本计算单。请写出计算过程，并编制会计分录。

1. 完成材料费用分配表（见表 2-7-10）、职工薪酬分配表（见表 2-7-11）和折旧、其他费用汇总分配表（见表 2-7-12），并编制会计分录。

表 2-7-10　　　　　　　　　利德笔业材料费用分配表

2024 年 9 月　　　　　　　　　　　　　　　　　　　　　　单位：元

材　料	基本生产成本		合　计
	圆珠笔	碳素笔	
圆珠笔管	3 000		3 000
碳素笔管		5 000	5 000
圆珠笔头	4 300		4 300
碳素笔头		20 000	20 000
圆珠笔填充墨	6 000		6 000
碳素笔填充墨		23 000	23 000
防溢出保护油　定额耗用量			
分配率			
分配金额			
合　　　计			

表 2-7-11　　　　　　　　　利德笔业职工薪酬分配表

2024 年 9 月　　　　　　　　　　　　　　　　　　　　　　单位：元

借方科目	明细科目	累计生产工时	生产工资分配率	应分配工资	应分配福利费（估计14%）	合计
基本生产成本	圆珠笔	2 000				
	碳素笔	4 000				
	小计	6 000				
辅助生产成本	维修车间					
	恒温车间					
	小计					
制造费用	基本生产车间					
合　　计						

表 2-7-12　　　　　　　利德笔业折旧、其他费用汇总分配表

2024 年 9 月　　　　　　　　　　　　　　　　　　　　　　单位：元

借方科目	明细科目	折旧费	电费	水费	燃煤	机物料	低值易耗品	办公费	保险费	合计
制造费用	基本生产车间									
辅助生产成本	维修车间									
	恒温车间									
合　　计										

2. 登记辅助生产车间明细账（见表2-7-13、表2-7-14），编制辅助生产费用分配表（见表2-7-15），并编制会计分录。

表 2-7-13　　　　　　　　　利德笔业辅助生产车间明细账
车间名称：维修车间　　　　　　　　　2024年9月　　　　　　　　　　　　单位：元

摘　　要	职工薪酬	折旧	外购动力	其他	合计	累计金额	转出
职工薪酬分配表							
折旧、其他分配表							
辅助生产费用分配表							
辅助生产费用分配表							

表 2-7-14　　　　　　　　　利德笔业辅助生产车间明细账
车间名称：恒温供暖车间　　　　　　　2024年9月　　　　　　　　　　　　单位：元

摘　　要	职工薪酬	折旧	外购动力	其他	合计	累计金额	转出
职工薪酬分配表							
折旧外购表							
辅助生产费用分配表							
辅助生产费用分配表							

表 2-7-15　　　　　　　　　　利德笔业辅助生产费用分配表
　　　　　　　　　　　　　　　　　　2024年9月　　　　　　　　　　　　单位：元

项　　目			交互分配			对外分配		
辅助生产车间名称			维修	恒温	合计	维修	恒温	合计
待分配费用								
劳务供应数量								
费用分配率								
辅助生产成本	维修车间	受益面积						
		金额						
	恒温车间	维修时间						
		金额						
	金额小计							
制造费用	基本生产车间	劳务量						
		金额						
合　　计								

3. 登记制造费用明细账（见表2-7-16），编制制造费用分配表（见表2-7-17），并编制会计分录。

表 2-7-16   利德笔业制造费用明细账

车间名称：基本生产车间　　　　　　　　2024 年 9 月　　　　　　　　　　　　　　　　单位：元

2024 年		摘　要	折旧	电费	水费	机物料	低值易耗品	办公费	保险费	职工薪酬	辅助生产成本	合计
月	日											
9	30	职工薪酬分配表										
9	30	折旧、其他分配表										
9	30	辅助生产费用分配表										
		待分配费用总额										
		制造费用转出										

表 2-7-17   利德笔业制造费用分配表

2024 年 9 月　　　　　　　　　　　　　　　　单位：元

分配对象	累计生产工时	分配率	应分配金额
圆珠笔			
碳素笔			
合　计			

4. 计算产品成本。登记基本生产成本明细账（见表 2-7-18、表 2-7-19），填制完工产品成本汇总表（见表 2-7-20），并编制会计分录。

表 2-7-18   利德笔业基本生产成本明细账

产品名称：圆珠笔　　　　　　　　　　　　　　　　　　　　　　完工产品数量：
单位：元　　　　　　　　　　2024 年 9 月　　　　　　　　　　月末在产品数量：

2024 年		摘　要	成本项目			合　计
月	日		直接材料	直接人工	制造费用	

表 2-7-19　　　　　　　　　　利德笔业基本生产成本明细账

产品名称：碳素笔　　　　　　　　　2024 年 9 月　　　　　　　　　完工产品数量：
单位：元　　　　　　　　　　　　　　　　　　　　　　　　　　　月末在产品数量：

2024 年		摘　要	成本项目			合　计
月	日		直接材料	直接人工	制造费用	

表 2-7-20　　　　　　　　　　利德笔业完工产品成本汇总表

2024 年 9 月　　　　　　　　　　　　　　　　　　　　　　　　　　单位：元

成本项目	圆珠笔（1 380 盒）			碳素笔（2 011 盒）			总成本合计
	总成本	单位成本	单支成本	总成本	单位成本	单支成本	
直接材料							
直接人工							
制造费用							
合　计							

实训八
分批法模拟实训

一、实训目的

● 理解分批法的特点和适用条件。
● 本实训以服装加工企业为例,通过本案例的实训,理解并掌握分批法的核算程序。
● 培养学生独立思考问题和有创造性地发表个人意见的能力。

二、实训资料

服装加工业的生产技术过程多属于多步骤生产,生产组织可以是大量大批生产,也可以是小批单件生产。根据生产的特点和成本管理的要求不同,成本计算可以采用品种法、分批法或分步法,由于服装加工业一般不对外出售半成品,也不要求计算各步骤成本,所以一般不采用分步法,而采用分批法或品种法计算成本。本实训专题采用分批法计算产品成本。所举实例基本接近实际,但是为了便于学习,有些数字和生产情况是假设的,但都反映了实际中的工作经验。

生产概况:

杉杉制衣有限公司生产出口和内销各式衬衫,产品所用原料以化纤为主,也生产一部分布料衬衫。产品生产根据订货要求,有自产自销和来料加工两种形式。该厂生产过程分为设计裁剪、缝纫加工、平整包装(包括锁眼钉扣)三大步骤。与生产工艺过程相适应,该厂设有三个基本生产车间和一个机电修理小组。三个基本生产车间是:一车间(裁剪),二车间(缝纫),三车间(锁眼钉扣、整烫、包装)。生产过程如图 2-8-1 所示。

每月投产的产品批别完工程度不同,为了缩短生产战线,集中力量完成每月内能完成的产品生产任务,加速企业资金周转,该厂每月下旬下达截批通知(通知哪些批号完工,哪些批号未完工移至下月继续加工),确定当月能完成的生产批号,各部门据以组织生产经营活动,财会部门则根据截批通知计算完工批号的产品成本。

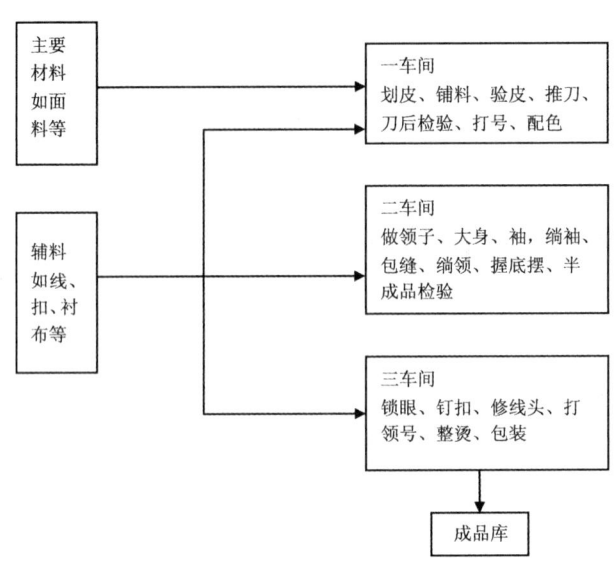

图 2-8-1　杉杉制衣产品生产过程图

成本控制过程：

第一步产品研发。根据客户订单要求，确定各种衬衫的 BOM（物料清单见表 2-8-1）。综合研发、财务、技术等各部门，制定目标成本，并按照成本要素进行分解（具体数据计算略）。从接订单开始进行风险预测。确定交期、报价是否合理，利润空间是否符合企业预期，面、辅料能否保证生产等。技术部门首先要作出判断，如款式的难易程度、产量预估、面辅料的单耗，提供给业务部门参考。生产部门明确台产、日产，缝制上线及下线日期，后整理，包装完成日期，裁剪的耗用、品质，并初步分析出易出问题的环节，避免在生产过程中出现瓶颈。

表 2-8-1　　　　　　　　杉杉制衣产品物料清单简表

产品批号	产品名称	主料	辅料	备注
5551	男长袖衬衫	纯棉布	衬布、线、扣、商标、纸板、包装袋、纸盒、纸箱	
5552	男短袖衬衫	丝绸布		
5553	女长袖衬衫	纤维布		
5515	女短袖衬衫	素色棉布		来料加工
5554	女长袖深色衬衫	深色棉布		不用衬布

第二步试生产。技术工程部门人员制定产品的生产工艺流程，测试和制定工时定额和材料消耗定额等。对形成产品质量缺陷的因素进行分析并解决。对影响产品成本的因素进行记录和测试。

第三步正式投产。生产现场成本控制的关键是按生产制单、生产工艺和计划进行生产，促进生产合理化。

（1）按定额领料、用料，改进排料方法；促进原材料综合利用，实行废料分类堆放和回收，提高原材料的利用率。

（2）记录并统计废品、次品，降低产品的不合格率。

（3）进行时间、动作研究，改进工作方法，降低工时消耗，提高工作效率。

（4）提高工时和台时的利用率，减少停工、突击赶工和加班，实现均衡生产。

（5）记录、统计和控制辅助材料的消耗。

（6）记录、统计与分析设备的故障损失，控制设备故障率和维修费用。

（7）控制在制品、半成品的占用量。

（8）分析和控制在制品、半成品的堆放及流动路线。

（9）直接、间接造成工费消耗和资金占用的活动，都在成本核算和控制之列。

生产现场的成本统计核算工作是大量、琐碎的，但没有这些数字，产品成本难以清楚，不实行现场成本控制，目标成本难以实现。设计、计划再好也不等于现实，所以需要靠全体员工的共同努力，加以控制。

财务部门根据各项费用账户等数据和生产部门提供的工时统计数据，结合定额资料，对各成本费用进行归集和分配，产生各项费用分配表，生成产品成本计算单。并进行成本分析与反馈：将料、工、费的实际值与目标值进行比较，找出产生差异的原因，并追溯到相应的成本行为，纠正不利偏差，为管理和决策提供依据。

产品成本计算：

该厂成本计算采用分批法，产品投产前，由生产计划部门下达生产任务通知单据以组织生产。财会部门根据生产任务通知单的生产批号开设成本计算单（基本生产成本明细账），归集各批号所发生的各项生产费用，集中计算各批产品成本。只计算各批号的总成本和按各批产量计算的平均单位成本。成本项目设有"主要材料""辅助材料""直接人工""制造费用"和"厂外加工费"五个项目。"主要材料""辅助材料"是根据有关原始凭证编制汇总表，计入各生产批号成本计算单。"直接人工""制造费用"是根据工资结算凭证和制造费用明细账月终汇总资料编制分配表计入各批完工成本计算单。这两项费用都是采取按标准产量系数的分配方法。该厂将女短袖衬衫定为标准产品，系数为100%，其他产品按其所耗工时与标准产品所耗工时相比求得换算系数，如女长袖衬衫的系数为95%，男短袖衬衫的系数为85%等。按换算后的标准产量分配工资和制造费用。"厂外加工费"项目是根据规定的加工单价和实际加工数量计算计入有关批号的成本计算单。对于来料加工的生产批号，只计算辅料和加工成本，不反映主要材料费用。主要材料和辅助材料均通过"原材料"科目核算。

月终，财会部门根据生产计划部门的截批通知对完工的各批号分别进行成本计算，为简化核算，对于月末在产品只负担主要材料和部分辅助材料费用，其他费用均由完工产品负担。

该厂辅助生产部门机电修理小组，不单独计算成本，所发生的费用计入制造费用明细账。

三、实训要求

根据下列相关成本资料,综合思考,编制各项费用分配表,并写出会计分录;登记相关成本费用明细账,计算产品成本。

从该厂各个生产通知单汇集的有关资料见表 2-8-2。

表 2-8-2　　　　　　　　　　杉杉制衣生产通知单汇总表

2024 年 5 月

批号	产品名称	订货单位	生产批量(件)	主要材料				辅助材料	附注
				名称	领用数量(米)	退回数量(米)	实际用量(米)	实用衬布(米)	
5551	男长袖衬衫	出口	7 200	纯棉布	15 000	276	14 724	957.6	
5552	男短袖衬衫	出口	4 800	丝绵布	9 000	792	8 208	398.4	
5553	女长袖衬衫	出口	8 162	纤维布	12 000	217.1	11 782.9	1 258.6	
5515	女短袖衬衫	内销	35 436	素色棉布				3 362.8	来料加工
5554	女长袖什色衬衫	内销	4 800	什色棉布	8 260	100	8 160		不用衬布

说明:(1) 上表 5554 批号已经裁剪完毕,但尚未进入缝纫车间;(2) 除 5554 批号以外,其他各批产品均在本月产成入库;(3) 5515 批号上月投产,本月加工产成。

1. 根据领退料单和生产任务通知单编制主要材料耗用汇总表(见表 2-8-3),并编制会计分录,登记账簿。

表 2-8-3　　　　　　　　　　杉杉制衣主要材料耗用汇总表

2024 年 5 月

	5551	5552	5553	5515	5554	合计
材料名称	纯棉布	丝绵布	纤维布		什色棉布	
单位	米	米	米		米	
领用部门	裁剪	裁剪	裁剪		裁剪	
实用数量(米)						
单价(元)	3.05	3.44	1.90		3.30	
金额(元)						

2. 根据辅助材料领料单和生产任务通知单编制辅助材料耗用汇总表(见表 2-8-4),并编制会计分录,登记账簿。

表2-8-4　　　　　　　　　　杉杉制衣辅助材料耗用汇总表

2024年5月　　　　　　　　　　　　　　　　　　　　　　　　单位：元

批号	产品名称	单位	产成品数量	衬布	线	扣
5551	男长袖衬衫	件	7 200	3 466.51	1 080	804.8
5552	男短袖衬衫	件	4 800	1 442.2	609.6	448.32
5553	女长袖衬衫	件	8 162	4 587.8	514.2	1 041.48
5515	女短袖衬衫	件	35 436	1 203.2	5 315.4	3 706.6
合计				10 699.71	7 519.2	6 001.2

批号	产品名称	包装						合计
		商标	纸板	包装袋	纸盒	箱子	小计	
5551	男长袖衬衫	417.6	1 814.4	426.2	1 080	1 660.8	5 399	10 750.31
5552	男短袖衬衫	278.4	1 013.28	720	608	1 003.2	3 622.88	6 123
5553	女长袖衬衫	473.4	816.2	914.14	938.4	1 145.22	4 287.36	10 430.84
5515	女短袖衬衫	708.8	2 161.6	2 604.54	2 807.66	1 612.28	9 894.88	20 120.08
合计		1 878.2	5 805.48	4 664.88	5 434.06	5 421.5	23 204.12	47 424.23

3. 根据工资结算凭证编制职工薪酬汇总表（见表2-8-5），并登记入账。

表2-8-5　　　　　　　　　　杉杉制衣职工薪酬汇总表

2024年5月　　　　　　　　　　　　　　　　　　　　　　　　单位：元

部门		工资	职工福利（按照工资的11%提取）	合计
基本生产部门	一车间（裁剪）	3 625		
	二车间（缝纫）	6 525		
	三车间（平整）	4 350		
	小计	14 500		
车间管理部门		1 800		
合计		16 300		

4. 根据有关凭证登记制造费用明细账（见表2-8-6）。

表2-8-6　　　　　　　　　　杉杉制衣制造费用明细账

2024年5月　　　　　　　　　　　　　　　　　　　　　　　　单位：元

日期	凭证号	摘要	办公费	水电费	修理费	运输费	机物料消耗	折旧费	职工薪酬	厂外修线头	其他	合计
		本月合计	500	1 700	1 600	600	300	3 212	1 998	540	660	11 110

5. 根据职工薪酬汇总表和制造费用明细账，采用按系数折合标准产量的方法，将发生的生产工人薪酬、制造费用分配计入各批号完工产品（填制表2-8-7），并编制会计分录。

表2-8-7　　　　　　　　　　杉杉制衣职工薪酬、制造费用分配表

2024年5月　　　　　　　　　　　　　　　　　　　　　　　　　　　　单位：元

完工批号	实际产量（件）	系数	标准产量（件）	直接人工		制造费用	
				分配率	金额	分配率	金额
5515	35 436	100%					
5551	7 200	115%					
5552	4 800	85%					
5553	8 162	95%					
合计							

6. 根据本月厂外加工费结算本月完工批号5515发生的厂外加工费520元，计入该批产品成本计算单，并编制会计分录。

7. 将以上本月发生的各项费用记入各批号产品成本明细账（见表2-8-8至表2-8-12），结算完工批号总成本和单位成本，填制全部完工产品成本汇总表（见表2-8-13），并编制会计分录。

表2-8-8　　　　　　　　　　杉杉制衣产品成本明细账

产品批号：5515　　　　　　　　　　年　月　　　　　　　　　生产数量：

　　　　　　　　　　　　　　　　　　　　　　　　　　　　　　投产日期：　月　日

产品名称：　　　　　　　　　　　　　　　　　　　　　　　　完工日期：　月　日　　单位：元

摘　要	主要材料	辅助材料					直接人工	制造费用	厂外加工费	产品总成本	单位成本
		衬布	线	扣	包装	小计					
月初生产费用		4 000				4 000					
本月生产费用											
完工产品											
月末在产品成本											

表2-8-9　　　　　　　　　　杉杉制衣产品成本明细账

产品批号：5551　　　　　　　　　　年　月　　　　　　　　　生产数量：

　　　　　　　　　　　　　　　　　　　　　　　　　　　　　　投产日期：　月　日

产品名称：　　　　　　　　　　　　　　　　　　　　　　　　完工日期：　月　日　　单位：元

摘　要	主要材料	辅助材料					直接人工	制造费用	厂外加工费	产品总成本	单位成本
		衬布	线	扣	包装	小计					
月初生产费用											
本月生产费用											

续表

摘要	主要材料	辅助材料					直接人工	制造费用	厂外加工费	产品总成本	单位成本
		衬布	线	扣	包装	小计					
完工产品											
月末在产品成本											

表 2-8-10　　　　　　　　　　杉杉制衣产品成本明细账

产品批号：5552　　　　　　　　　　年　月　　　　　　　　生产数量：
　　　　　　　　　　　　　　　　　　　　　　　　　　　　　投产日期：　月　日
产品名称：　　　　　　　　　　　　　　　　　　　　　　　完工日期：　月　日　　单位：元

摘要	主要材料	辅助材料					直接人工	制造费用	厂外加工费	产品总成本	单位成本
		衬布	线	扣	包装	小计					
月初生产费用											
本月生产费用											
完工产品											
月末在产品成本											

表 2-8-11　　　　　　　　　　杉杉制衣产品成本明细账

产品批号：5553　　　　　　　　　　年　月　　　　　　　　生产数量：
　　　　　　　　　　　　　　　　　　　　　　　　　　　　　投产日期：　月　日
产品名称：　　　　　　　　　　　　　　　　　　　　　　　完工日期：　月　日　　单位：元

摘要	主要材料	辅助材料					直接人工	制造费用	厂外加工费	产品总成本	单位成本
		衬布	线	扣	包装	小计					
月初生产费用											
本月生产费用											
完工产品											
月末在产品成本											

表 2-8-12　　　　　　　　　　杉杉制衣产品成本明细账

产品批号：5554　　　　　　　　　　年　月　　　　　　　　生产数量：
　　　　　　　　　　　　　　　　　　　　　　　　　　　　　投产日期：　月　日
产品名称：　　　　　　　　　　　　　　　　　　　　　　　完工日期：　月　日　　单位：元

摘要	主要材料	辅助材料					直接人工	制造费用	厂外加工费	产品总成本	单位成本
		衬布	线	扣	包装	小计					
月初生产费用											
本月生产费用											
完工产品											
月末在产品成本											

表2-8-13　　　　　　　　　杉杉制衣全部完工产品成本汇总表
　　　　　　　　　　　　　　　　　年　月　　　　　　　　　　　　　　　　　　　　单位：元

生产批号	产品名称	生产数量（件）	主要材料	辅助材料	直接人工	制造费用	厂外加工费	产品总成本	单位成本

实训九 分步法模拟实训

一、实训目的

- 理解分步法的特点、分类和适用条件。
- 本实训以家具加工企业为例,通过本案例的实训,理解并掌握分步法的核算程序。
- 培养学生能够独立思考问题和有创造性地发表个人意见的能力。

二、实训资料

所举实例基本接近实际,但是为了便于学习,有些数字和生产情况是假设的,但都反映了实际中的工作经验。

生产概况:

亚美家具制造有限公司主要生产钢木结构的折叠椅和圆凳。用料基本相同,一部分是面儿:由多层板和塑料皮组成;另一部分就是腿儿:由钢管和圆钢组成。该厂按订单下达生产任务,分批组织生产。生产程序分三步:①第一步,将木料多层板和塑料皮下料,并且将塑料皮用胶粘在多层板上,做成折叠椅面儿、靠背和圆凳的面儿。这一工作在第一车间(木材加工车间)进行。②第二步,将钢管和圆钢下料,并且焊接起来,做成折叠椅和圆凳的腿儿。这一工作在第二车间(钢管加工车间)进行。③第三步,把折叠椅、圆凳的面儿和腿儿装配在一起,并且油漆成最后产成品。这一工作在第三车间(组装油漆车间)进行。第一和第二步骤是平行生产的,第三步骤中间设有中间库管理半成品。另有一个机修车间为辅助生产车间。

成本控制过程:

第一步产品研发。根据客户订单要求,确定折叠椅和圆凳的 BOM(物料清单见表 2-9-1)。综合研发、财务、技术等各部门,根据市场预期售价、预期目标利润和税金考虑管理费用的分摊，制定目标成本，并按照成本要素进行分解（具体数据计算略）。

表 2-9-1　　　　　　　　　　亚美家具产品物料清单简表

生产车间	产品名称	主料	辅料	备注
第一车间	折叠椅、圆凳	多层板、塑料皮、胶		折叠椅、圆凳用料品种大致相同
第二车间	折叠椅、圆凳	钢管	铁活、圆钢	
第三车间	折叠椅、圆凳		油漆、小五金	

第二步试生产。技术工程部门人员制定产品的生产工艺流程，测试和制定工时定额和材料消耗定额等。对形成产品质量缺陷的因素进行分析并解决。对影响产品成本的因素进行记录和测试。

第三步正式投产。生产部门根据物料清单，按定额领用材料；在生产过程中，重视合理地利用和处理边角料；在计划成本、定额成本的指引下，建立责任成本制度；将相关成本指标具体细化，落实到每个车间、每个班组、每位生产线的员工，形成人人讲成本、人人算成本的模式。财务部门根据材料核算、职工薪酬核算、固定资产核算以及其他各项费用账户等数据，生产部门提供的工时统计数据，结合定额资料，对各项成本费用项目进行归集和分配，产生各项费用分配表，生成产品成本计算单。进行成本分析与反馈，即将料、工、费的实际值与目标值进行比较，找出产生差异的原因，并追溯相应的成本行为，纠正不利偏差。为管理和决策提供依据。

产品成本计算：

生产特点和管理要求决定了成本计算方法。本厂采用平行结转分步法计算产品成本，按照生产工艺过程特点，第一步计算折叠椅和圆凳的木面儿成本；第二步计算折叠椅和圆凳的腿儿的成本；第三步计算组装和油漆的成本；最后平行结转企业计算完工产品成本。所以企业采用的成本计算方法是在分批法的基础上结合应用分步法。主要材料和辅助材料均在"原材料"科目核算。

成本核算要求：

1. 主要材料：要在各批产品之间分配。木材费用的分配方法是根据各批产品的技术图纸资料，计算出各批产品所需用的净木材的体积，按净木材的体积比例分配实际领料的金额。钢管费用分配方法是：根据各批产品的技术图纸资料，计算出各批产品所需用的净用钢材的重量，按净用钢材的重量比例分配实际领料的金额。圆钢用量极小（只有圆凳用一小部分，折叠椅不用），为简化核算手续，列入辅助材料。

2. 辅助材料：按生产通知单限额发放辅助材料。由于班组辅助材料核算的基础工作比较好，辅助材料的消耗可以按产品批别划分，辅助材料全部直接计入各批产品成本。月底车间如有余料，则办理退料手续。

3. 职工薪酬：生产工人工资根据生产工时比例分配计入各批产品成本；车间管理人员工资计入制造费用；机修车间人员工资计入辅助生产成本；厂部管理人员工资计入管理

费用。

4. 动力：各部门有电表，可以查出各部门的耗电量。根据耗电量分配电费。然后根据工时比例分配计入各批产品成本。机修车间和管理部门的电费分别计入辅助生产成本和管理费用。

5. 其他费用：制造费用按照生产工时比例分配计入各批产品成本。修理费用按照修理工时进行分配。

6. 在发生批内产品跨越周期陆续完工的情况时，由于生产周期不长，在产品往往也接近完工，为了简化核算，所以按照完工产品和在产品的数量比例进行分配。

三、实训要求

根据下列相关成本资料，综合思考，编制各项费用分配表，并作出会计分录，登记相关成本费用明细账，计算产品成本。

该厂2024年10月生产任务和产量情况见表2-9-2，工时统计情况见表2-9-3。

表2-9-2　　　　　　　亚美家具生产任务和产量情况统计表

2024年10月

生产通知单号	产品名称	批量（把）	投产情况		完工情况		在产品数量
			日期	数量	日期	数量	
1001	圆凳	15 000	10月3日	15 000	10月30日	10 000	5 000
1002	折叠椅	4 000	9月20日	2 000	10月30日	2 000	
			10月3日	2 000	10月30日	2 000	

注：折叠椅分两次投产，最后在10月30日全部完工。

表2-9-3　　　　　　　　　亚美家具工时统计表

2024年10月　　　　　　　　　　　　　　　　　　单位：小时

	圆凳	折叠椅	一车间	二车间	三车间	厂部	合计
一车间	3 750	2 000					
二车间	9 000	5 000					
三车间	4 500	4 000					
机修车间			496	1 240	744	524	3 004
合　计	17 250	11 000	496	1 240	744	524	31 254

1. 根据领料单编制主要材料耗用汇总表（见表2-9-4）、主要材料费用分配表（见表2-9-5和表2-9-6）和辅助材料及其他材料耗用汇总表（见表2-9-7），并编制会计分录，登记入账。

表 2-9-4　　　　　　　　　亚美家具主要材料耗用汇总表

2024 年 10 月　　　　　　　　　　　　　　　　　　　金额单位：元

领料部门	多层板（立方米）				塑料皮（平方米）				钢管（千克）				合计
	数量	计划价	差异率	实际价	数量	计划价	差异率	实际价	数量	计划价	差异率	实际价	
基本生产一车间	26.5	23 100	-10%		2 300	17 445.56	-10%						
基本生产二车间									17 600	18 390	-10%		
合　　计	26.5	23 100	-10%		2 300	17 445.56	-10%		17 600	18 390	-10%		

注：本厂主要材料采用计划价格核算，差异率为节约10%。

表 2-9-5　　　　　　　亚美家具第一车间主要材料费用分配表

2024 年 10 月　　　　　　　　　　　　　　　　　金额单位：元

生产单号及产品名称	产量	多层板（立方米）				塑料皮（平方米）				金额合计
		单件净额	总净额	分配率	分配金额	单件净额	总净额	分配率	分配金额	
1001 圆凳	15 000	0.0013625				0.1143				
1002 折叠椅	2 000	0.002775				0.2645				
合　计										

表 2-9-6　　　　　　　亚美家具第二车间主要材料费用分配表

2024 年 10 月　　　　　　　　　　　　　　　　　金额单位：元

生产单号及产品名称	产量	钢管（千克）			
		单件净额	总净额	分配率	分配金额
1001　圆凳	15 000	0.8			
1002　折叠椅	2 000	2.2755			
合　计					

表 2-9-7　　　　　　亚美家具辅助材料及其他材料耗用汇总表

2024 年 10 月　　　　　　　　　　　　　　　　　金额单位：元

用途			胶	铁活	圆钢	油漆	小五金	其他材料	合计
基本生产	一车间	圆凳	900						900
		折叠椅	400						400
	二车间	圆凳		9 600	1 650				11 250
		折叠椅		2 600					2 600
	三车间	圆凳				3 900	3 900		7 800
		折叠椅				1 040	1 000		2 040

续表

<table>
<tr><th colspan="2">用　　途</th><th>胶</th><th>铁活</th><th>圆钢</th><th>油漆</th><th>小五金</th><th>其他材料</th><th>合　计</th></tr>
<tr><td rowspan="3">制造费用</td><td>一车间</td><td></td><td></td><td></td><td></td><td></td><td>177</td><td>177</td></tr>
<tr><td>二车间</td><td></td><td></td><td></td><td></td><td></td><td>800</td><td>800</td></tr>
<tr><td>三车间</td><td></td><td></td><td></td><td></td><td></td><td>611</td><td>611</td></tr>
<tr><td>辅助生产</td><td>机修车间</td><td></td><td></td><td></td><td></td><td></td><td>103</td><td>103</td></tr>
<tr><td>管理费用</td><td>物料消耗</td><td></td><td></td><td></td><td></td><td></td><td>211</td><td>211</td></tr>
<tr><td colspan="2">合　计</td><td>1 300</td><td>12 200</td><td>1 650</td><td>4 940</td><td>4 900</td><td>1 902</td><td>26 892</td></tr>
</table>

注：辅助材料按照实际成本核算。

2. 根据电费结算凭证编制动力费用分配表（见表2-9-8和表2-9-9），并编制会计分录，登记入账。

表 2-9-8　　　　　亚美家具动力费用分配表一

2024年10月

部　门	耗电度数	分配率	分配金额（元）
一车间	7 187.5	0.08	
二车间	17 500		
三车间	11 687.5		
机修车间	1 500		
厂部管理部门	1 875		
合　计			

表 2-9-9　　　　　亚美家具动力费用分配表二

2024年10月

<table>
<tr><th>车　间</th><th colspan="2">生产单号及产品名称</th><th>工　时</th><th>分配率</th><th>分配金额（元）</th></tr>
<tr><td rowspan="3">一车间</td><td>1001</td><td>圆凳</td><td>3 750</td><td></td><td></td></tr>
<tr><td>1002</td><td>折叠椅</td><td>2 000</td><td></td><td></td></tr>
<tr><td colspan="2">小计</td><td></td><td></td><td></td></tr>
<tr><td rowspan="3">二车间</td><td>1001</td><td>圆凳</td><td>9 000</td><td></td><td></td></tr>
<tr><td>1002</td><td>折叠椅</td><td>5 000</td><td></td><td></td></tr>
<tr><td colspan="2">小计</td><td></td><td></td><td></td></tr>
<tr><td rowspan="3">三车间</td><td>1001</td><td>圆凳</td><td>4 500</td><td></td><td></td></tr>
<tr><td>1002</td><td>折叠椅</td><td>4 000</td><td></td><td></td></tr>
<tr><td colspan="2">小计</td><td></td><td></td><td></td></tr>
<tr><td colspan="3">合　计</td><td></td><td></td><td></td></tr>
</table>

3. 根据工资结算凭证编制职工薪酬汇总表（见表 2-9-10）和职工薪酬分配表（见表 2-9-11），并据以编制会计分录，登记入账。

表 2-9-10　　　　　　　　　　　亚美家具职工薪酬汇总表

2024 年 10 月　　　　　　　　　　　　　　金额单位：元

部　　门		工资	职工福利（按11%比例计提）	合计
一车间	生产工人	1 036.09		
	管理人员	86.49		
	小计			
二车间	生产工人	2 522.52		
	管理人员	93.70		
	小计			
三车间	生产工人	1 684.7		
	管理人员	99.10		
	小计			
机修车间		700		
厂部管理部门		1 870		
合　　计				

表 2-9-11　　　　　　　　　　　亚美家具职工薪酬分配表

2024 年 10 月　　　　　　　　　　　　　　金额单位：元

车　　间	生产单号及产品名称	工时	分配率	分配金额
一车间	1001　圆凳	3 750		
	1002　折叠椅	2 000		
	小计			
二车间	1001　圆凳	9 000		
	1002　折叠椅	5 000		
	小计			
三车间	1001　圆凳	4 500		
	1002　折叠椅	4 000		
	小计			
合　　计				

4. 编制固定资产折旧汇总表（见表 2-9-12），并据以编制会计分录，登记入账。

表 2-9-12　　　　　　　　亚美家具固定资产折旧汇总表

2024 年 10 月

部　　门	分配金额（元）
一车间	120
二车间	300
三车间	220
机修车间	270
厂部管理部门	310
合　　计	

5. 根据上述各项分配表以及其他各项凭证等核算资料，登记表见表 2-9-13 至表 2-9-17 简化格式的明细账。

表 2-9-13　　　　　　　　亚美家具制造费用明细账

车间：第一车间　　　　　　　　2024 年 10 月　　　　　　　　单位：元

	职工薪酬	水电费	物料消耗	折旧费	修理费	劳动保护费	其他	合计	转出
10 月		11.5	177			88	122		

表 2-9-14　　　　　　　　亚美家具制造费用明细账

车间：第二车间　　　　　　　　2024 年 10 月　　　　　　　　单位：元

	职工薪酬	水电费	物料消耗	折旧费	修理费	劳动保护费	其他	合计	转出
10 月		44	800			202	170		

表 2-9-15　　　　　　　　亚美家具制造费用明细账

车间：第三车间　　　　　　　　2024 年 10 月　　　　　　　　单位：元

	职工薪酬	水电费	物料消耗	折旧费	修理费	劳动保护费	其他	合计	转出
10 月		18	611			99	117		

表 2-9-16　　　　　　　　亚美家具辅助生产成本明细账

车间：机修车间　　　　　　　　2024 年 10 月　　　　　　　　单位：元

	职工薪酬	水电费	物料消耗	折旧费	修理费	劳动保护费	其他	合计	转出
10 月		220	103	40	60	32			

表 2-9-17　　　　　　　　　亚美家具管理费用明细账

2024 年 10 月　　　　　　　　　　　　　　　　　　　　　　单位：元

	职工薪酬	办公费	设计试验费	折旧费	水电费	差旅费	修理费	其他	合计	转出
10 月		1 686	1 662		461	915.3		278		

6. 按工时比例分配辅助生产费用、制造费用，填制辅助生产费用分配表（见表 2-9-18）和制造费用分配表（见表 2-9-19），并据以编制会计分录，登记入账。

表 2-9-18　　　　　　　　　亚美家具辅助生产费用分配表

2024 年 10 月

部　门	修理工时	分配率	分配金额（元）
一车间	496		
二车间	1 240		
三车间	744		
厂部管理部门	524		
合　计			

表 2-9-19　　　　　　　　　亚美家具制造费用分配表

2024 年 10 月

车间	生产单号及产品名称		工时	分配率	分配金额（元）
一车间	1001	圆凳	3 750		
	1002	折叠椅	2 000		
	小计				
二车间	1001	圆凳	9 000		
	1002	折叠椅	5 000		
	小计				
三车间	1001	圆凳	4 500		
	1002	折叠椅	4 000		
	小计				
合　计					

7. 根据上述各项资料登记产品成本明细账（见表 2-9-20、表 2-9-21）。

表 2-9-20   亚美家具产品成本明细账

产品单号及名称：1001 圆凳　　　　　2024 年 10 月　　　　　产成品：10 000 把　　单位：元

	项　目	产量	主要材料	辅助材料	动力	直接人工	制造费用	金额合计
第一车间 木材加工	期初在产品							
	本月生产费用							
	合　计							
	产成品中本步骤份额							
	月末在产品							
第二车间 钢管加工	期初在产品							
	本月生产费用							
	合　计							
	产成品中本步骤份额							
	月末在产品							
第三车间 组装油漆	期初在产品							
	本月生产费用							
	合　计							
	产成品中本步骤份额							
	月末在产品							
产成品	总成本							
	单位成本							
月末在产品成本								

注：本月圆凳投产 15 000 把，10 月末完工 10 000 把，在产品 5 000 把，按完工产品和在产品数量进行分配，所以在产品负担全部费用的 1/3。

表 2-9-21   亚美家具产品成本明细账

生产单号及名称：1001 折叠椅　　　　　2024 年 10 月　　　　　产成品：4 000 把　　单位：元

	项　目	产量	主要材料	辅助材料	动力	直接人工	制造费用	金额合计
第一车间 木材加工	期初在产品	2 000	8 140	400	140	180	160	9 020
	本月生产费用	2 000						
	合　计							
	产成品中本步骤份额							
	月末在产品							
第二车间 钢管加工	期初在产品		2 540	2 600	370	860	630	7 000
	本月生产费用							
	合　计							
	产成品中本步骤份额							
	月末在产品							

续表

项目		产量	主要材料	辅助材料	动力	直接人工	制造费用	金额合计
第三车间组装油漆	期初在产品			2 000	200	350	330	2 880
	本月生产费用							
	合计							
	产成品中本步骤份额							
	月末在产品							
产成品	总成本		4 000					
	单位成本							
月末在产品成本								

8. 编制产品成本汇总表（见表 2-9-22），并据以编制会计分录。

表 2-9-22　　　　　　　　　　亚美家具产品成本汇总表

2024 年 10 月　　　　　　　　　　　　　　　　　　　　　　　　单位：元

生产单号及产品名称	产量	主要材料	辅助材料	动力	直接人工	制造费用	产品总成本	产品单位成本
1001　圆凳								
1002　折叠椅								
合　计								

实训十 分类法模拟实训

一、实训目的

● 理解分类法的特点和适用条件。
● 本实训以印染厂为例,通过本案例的实训,理解并掌握分类法的核算程序。
● 培养学生能够独立思考问题和有创造性地发表个人意见的能力。

二、实训资料

所举实例基本接近实际,但是为了便于学习,有些数字和生产情况是假设的,但都反映了实际中的工作经验。

生产概况:

印染厂的生产过程是:将各种布料和规格的原色坯布,经过漂白、染色、印花以及整理包装的生产步骤,制成各种色布或花布。印染厂一般有漂染、印花、整装等基本生产车间以及水汽、动力、机修等辅助生产车间。生产组织大都是大量大批生产。印染厂的产品成本可以采用分步法来计算,由于其生产过程较短,各步骤的半成品不外售,为了简化核算,当产品种类、规格繁多,有可以按标准分类时,可以采用分类法进行核算。

维信印染厂大量生产印花布和漂染布两类产品。印花布有印花粗布、印化细布等;漂染布有维棉色布和漂白涤纶等。该厂不分步计算成本。成本项目主要有:原料(坯布)、染化料、其他材料(浆料、燃料、包装料等)、动力、直接人工、制造费用等。原料费用直接计入各种产品成本,染化料费用按照印花、漂染两类产品归集,然后按定额费用比例在类内各种产品之间分配;其他费用均全厂汇总计算,按定额费用比例在全厂各种产品之间分配。月末在产品按所耗原料的定额费用计价,其他费用均由产成品成本负担。原料(坯布)、染化料、其他材料,均在"原材料"科目核算。

三、实训要求

根据下列相关成本资料,综合思考,编制各项费用分配表,计算产品成本登记产品成本计算单。

该厂2024年2月原材料耗用情况见表2-10-1。该厂直接人工、生产工艺用动力以及制造费用情况见表2-10-2。

表2-10-1　　　　　　　　维信印染原材料领用汇总表

2024年2月　　　　　　　　　　　　　　　　　　　　　　　单位：元

产品类别	产品名称	原料（坯布）		染化料费用	其他材料	原材料费用合计
		数（百米）	金额			
印花布	印花粗布	8 284	662 720			
	印花细布	7 770	561 760			
	小计		1 224 480	209 328		
漂染布	维棉色布	5 406	540 650			
	漂白涤纶	6 614	1 388 960			
	小计		1 929 610	177 840		
合 计			3 154 090	387 168	114 720	3 655 978

表2-10-2　　维信印染直接人工、生产工艺用动力以及制造费用汇总表

2024年2月　　　　　　　　　　　　　　　　　　　　　　　单位：元

费用种类		对应科目				合 计
		累计折旧	银行存款	现金	应付职工薪酬	
直接人工					37 284	37 284
生产工艺用动力			31 548			31 548
制造费用	办公费		1 358	467		1 825
	折旧费	41 200				41 200
	修理费			1 802		1 802
	取暖费		2 948			2 948
	试验检验费		12 426			12 426
	运输费		4 120			4 120
	劳动保护费		1 400	821		2 221
	设计制图费		5 060			5 060
	其他		2 966			2 966
	小计	41 200	30 278	3 090		74 568
合 计		41 200	61 826	3 090	37 284	143 400

注：在实际工作中，上表可以按照费用的种类分别汇编，本例是简化编制的汇总表。

1. 分配生产费用。请完成染化料费用分配表（见表2-10-3）和其他材料、直接人工、动力、制造费用分配表（见表2-10-4）。

表 2-10-3　　　　　　　　　维信印染染化料费用分配表

2024 年 2 月　　　　　　　　　　　　　　　　　　　　　　　　　　单位：元

产品类别	产品名称	产量（百米）	费用定额	定额费用	分配率	实际费用
印花布	印花粗布	8 500	15			
	印花细布	8 200	10.5			
	小计					
漂染布	维棉色布	5 600	14			
	漂白涤纶	6 400	17			
	小计					
合计						

表 2-10-4　　　维信印染其他材料、直接人工、动力、制造费用分配表

2024 年 2 月　　　　　　　　　　　　　　　　　　　　　　　　　　单位：元

产品名称	产量（百米）	费用定额	定额费用	其他材料	直接人工	动力	制造费用	合计
分配率	—	—	—					
印花粗布	8 500	9						
印花细布	8 200	7.5						
维棉色布	5 600	8						
漂白涤纶	6 400	16.25						
合计	—	—						

2. 在产品和产成品之间分配原材料费用。请完成月末在产品定额原材料费用计算表（见表 2-10-5）和产成品原材料费用计算表（见表 2-10-6）。

表 2-10-5　　　　　维信印染月末在产品定额原料费用计算表

2024 年 2 月

产品名称	月末在产品盘存数量（百米）				原料费用定额（元）	月末在产品定额原料费用（元）
	漂染车间	印花车间	整装车间	合计		
印花粗布	680	556.5	1 240		80	
印花细布	412	520	1 150		70	
维棉色布	820	—	1 280		95	
漂白涤纶	1 020	—	1 400		208	
合计	—	—	—	—	—	

表 2-10-6　　　　　　　　　维信印染产成品原料费用计算表

2024 年 2 月　　　　　　　　　　　　　　　　　　　单位：元

产品名称	月初在产品原料费用	本月原料费用	合计	月末在产品定额原料费用	产成品原料费用
印花粗布	185 000				
印花细布	160 000				
维棉色布	185 000				
漂白涤纶	443 000				
合　　计	973 000				

3. 计算产品成本。请完成产品成本计算单（见表 2-10-7）。

表 2-10-7　　　　　　　　　　　维信印染产品成本计算单

2024 年 2 月　　　　　　　　　　　　　　　　　　　单位：元

产品名称及产量		原料	染化料	其他材料	直接人工	动力	制造费用	合计
印花粗布 8 500（百米）	总成本							
	单位成本							
印花细布 8 200（百米）	总成本							
	单位成本							
维棉色布 5 600（百米）	总成本							
	单位成本							
漂白涤纶 6 400（百米）	总成本							
	单位成本							
总成本合计								

实训十一
定额法模拟实训

一、实训目的

- 理解定额法的特点和适用条件。
- 通过本案例的实训,理解并掌握定额法的核算程序。
- 培养学生能够独立思考问题和有创造性地发表个人意见的能力。

二、实训资料

生产概况:

金川机械制造有限公司设有第一和第二两个基本生产车间。2024年10月,第一车间利用外购原料和辅助材料生产半成品A。第二车间利用半成品A和外购主要材料加工生产甲、乙两种产品。半成品通过半成品库收发。

产品成本计算:

甲产品已经定型,是大量生产的产品,而且消耗定额比较准确、稳定,因而在采用分步法的基础上结合采用定额法计算成本:先计算第一车间半成品A的成本,再按照定额法的要求计算第二车间产成品甲的成本。

乙产品2024年9月上旬试制成功,于9月中旬开始进行小批生产(批号为1001,批量为20件),因而采用分批法与分步法结合的方法计算成本:根据第一车间该批产品耗用的第一车间的半成品A的费用,以及外购主要材料、生产工人薪酬和其他各项费用,计算该批产成品成本。

该公司所用的原料按实际成本进行核算;所用的主要材料和辅助材料按照计划成本进行明细核算,按照实际成本进行总分类核算。原料、主要材料和辅助材料均在"原材料"科目核算。该厂的半成品成本按照计划成本综合结转(在甲、乙两种产品的明细账中加设"半成品"项目),按实际成本进行总分类核算。材料成本差异(本月材料成本差异率

为 -1%）和半成品成本差异，计入各车间的产品成本。

该公司第一车间只生产半成品 A，各项生产费用均系直接计入费，不必进行分配。第二车间生产两种产品，其动力费用、生产工人薪酬、制造费用均系间接计入费用，均按照产品实际工时比例在甲、乙两种产品之间进行分配。本月的实用工时为：甲产品 40 000 小时，乙产品 8 000 小时。

在半成品 A 的成本中，原料和辅助材料费用所占比重很大，因而月末在产品按所耗原材料的实际费用计价。原材料费用在完工半成品和月末在产品之间，按照其重量比例进行分配。本月交库半成品 75 000 千克，月末在产品 5 000 千克。

该公司规定：甲产品的月初在产品定额变动差异、材料成本差异和半成品差异均由产成品成本负担，脱离定额差异按定额比例法在产成品和月末在产品之间分配。本月甲产品的产成品 820 件，月末在产品为 40 件。乙产品的批量小，本月全部完工，其所发生的各项生产费用之和，即为产品成本。2024 年 9 月，第二车间甲产品月末在产品的定额成本（按上月旧定额计算）和脱离定额差异见表 2-11-1。

表 2-11-1　　　　　金川机械甲产品定额成本表

车间：第二车间　　　　　　　　2024 年 9 月　　　　　　　　　金额单位：元

成本项目	定额成本	脱离定额差异
半成品	55 800	-1 139
主要材料	21 600	-405.4
动力	720	+8.95
直接人工	9 600	+758.8
制造费用	6 720	-642.12
合　计	94 440	-1 418.77

注：月初在产品 60 件定额工时为 2 400 小时。

从 2024 年 10 月 1 日起，修改产品设计，第二车间甲产品修订消耗定额：半成品消耗定额由每件 93 千克降为 90 千克（每千克计划成本 10 元，未变），材外购主要料消耗定额由每件 72 千克降为 70 千克（每千克计划成本 5 元，未变），其他消耗定额没有变更。甲产品的月初在产品 77 件。

2024 年 10 月 1 日开始执行新消耗定额的第二车间甲产品单位定额成本见表 2-11-2。

表 2-11-2　　　　　金川机械甲产品单位定额成本表

车间：第二车间　　　　　　　　2024 年 10 月　　　　　　　　金额单位：元

成本项目	消耗定额	计划单位成本	费用定额
半成品	90 千克	10 元/千克	900
主要材料	70 千克	5 元/千克	350

续表

成本项目	消耗定额	计划单位成本	费用定额
动力		0.3 元/小时	15
直接人工		4 元/小时	200
制造费用		2.8 元/小时	140
合　　计			1 605

注：甲产品工时定额为 50 小时。

第二车间甲产品所用半成品和主要材料均在投产时一次投入，本月甲产品投产件数为 800 件，本月用于甲产品的定额工时为 39 600 小时。

1. 根据甲产品的投产件数、辅助材料消耗定额和材料计划单位成本计算定额费用，根据甲产品领用辅助材料的定额凭证、差异凭证、车间余料盘存资料和材料计划单位成本计算材料的实际费用，以及根据以上两者计算的脱离定额差异见表 2-11-3。

表 2-11-3　　　　金川机械辅助材料定额费用和脱离定额差异汇总表

车间名称：第二车间　　产品名称：甲　　2024 年 10 月　　投产数量：800 件

材料类别	计量单位	计划单位成本	消耗定额	定额费用		实际费用		脱离定额差异	
				数量	金额	数量	金额	数量	金额
主要材料	千克	5 元/千克	70 千克	56 000	280 000	55 000	275 000	-1 000	-5 000

2. 根据领、退料凭证和本月材料成本差异率等资料，编制材料费用分配表，原材料发出汇总情况见表 2-11-4。

表 2-11-4　　　　金川机械原材料发出汇总表

2024 年 10 月　　　　材料成本差异率：-1%　　单位：元

原材料用途			原料	主要材料			辅助材料			实际成本合计
			实际成本	计划成本	成本差异	实际成本	计划成本	成本差异	实际成本	
生产产品用料	按成品 A 耗用		623 000				22 000	-220	21 780	644 780
	甲产品耗用	定额		280 000						
		差异		-5 000						
		实际		275 000	-2 750	272 250				272 250
	1001 批乙产品耗用			7 500	-750	6 750				6 750
	合　计		623 000	—		279 000			21 780	923 780

续表

原材料用途			原料	主要材料			辅助材料			实际成本合计
			实际成本	计划成本	成本差异	实际成本	计划成本	成本差异	实际成本	
车间一般消耗	一车间耗用	机物料消耗					6 000	—	—	
		修理耗用					3 000	—	—	
		劳动保护费					2 000			
		小计					11 000	-110	10 890	10 890
	二车间耗用	机物料消耗					30 000	—	—	
		修理耗用					5 000	—	—	
		劳动保护费					8 000			
		小计					43 000	-430	42 570	42 570
	合　计						—	—	53 460	53 460
总　计			623 000			379 000	—	—	75 240	977 240

3. 根据各车间的工资结算凭证和福利费的计提办法编制职工薪酬汇总分配表，见表2-11-5。

表2-11-5　　　　　　　金川机械职工薪酬汇总表

2024年10月　　　　　　　　　　　　　　　　　　　　　　　单位：元

车间	生产人员			管理人员			合计
	工资	职工福利	小计	工资	职工福利	小计	
一车间	62 000	8 680	70 680	4 000	560	4 560	75 240
二车间	173 000	24 220	197 220	9 000	1 260	10 260	207 480
合　计	235 000	32 900	267 900	13 000	1 820	14 820	282 720

4. 根据本月计提固定资产的原价和月折旧率，计算本月应计提的折旧，编制折旧费用汇总分配表，见表2-11-6。

表2-11-6　　　　　　　金川机械折旧费汇总表

2024年10月　　　　　　　　　　　　　　　　　　　　　　　单位：元

车间	折旧费
一车间	12 320
二车间	57 620
合　计	69 940

5. 根据各车间耗电量、电价编制外购电力费用分配表，见表2-11-7。

表 2-11-7　　　　　　　　　金川机械电费汇总分配表

2024 年 10 月　　　　　　　　　　　　　　　　　　　金额单位：元

电力用途		度数	电费（分配率：0.15）
动力用电	一车间	70 000	10 500
	二车间	100 000	15 000
	小计	170 000	25 500
车间照明	一车间	4 500	675
	二车间	9 000	1 350
	小计	13 500	2 025
合　计		183 500	27 525

注：电费通过"应付账款"科目核算。

6. 根据本月银行存款付款凭证汇总编制银行存款支出汇总表，见表 2-11-8。

表 2-11-8　　　　　　　　　金川机械银行存款支出证汇总表

2024 年 10 月　　　　　　　　　　　　　　　　　　　单位：元

费用项目	一车间	二车间	合　计
水费	1 500	4 000	5 500
劳动保护费	2 500	4 000	6 500
办公费	1 000	3 000	4 000
其他	2 000	4 800	6 800
合　计	7 000	17 800	24 800

7. 月末，第二车间对甲产品在产品进行盘点，账面数量为 40 件（已加工定额工时为 770 小时），实存数量为 38 件（已加工定额工时为 700 小时），盘亏和毁损 2 件（已加工定额工时为 70 小时），盘亏和毁损在产品按定额成本计价。经批准，残料计价 197 元，验收入库，盘亏毁损损失计入当月管理费用。在产品盘亏毁损损失计算表见表 2-11-9。

表 2-11-9　　　　　　　　　金川机械在产品盘亏毁损损失计算表

2024 年 10 月

车间名称：第二车间　　产品名称：甲　　毁损数量：2 件　　定额工时：70 小时

成本项目	半成品	原材料	动力	直接人工	制造费用	合计
单件或单位小时费用定额	900	350	0.3	4	2.8	
定额总成本	1 800	700	21	280	196	2 997
减：残料价值						197
在产品亏毁损失						2 800

三、实训要求

根据实训资料,登记各种生产费用明细账和产品成本明细账,计算半成品成本和各种产成品成本。请完成表 2-11-10 至表 2-11-21。

表 2-11-10　　　　　　　　　金川机械制造费用明细账
第一车间　　　　　　　　　　　2024 年 10 月　　　　　　　　　　　　　　　单位:元

月	日	摘要	职工薪酬	机物料消耗	折旧费	修理费	水电费	劳动保护费	办公费	材料成本差异	其他	合计	转出
10		费用计划	4 600	6 100	12 320	2 800	2 300	4 400	1 100		1 800	35 420	
10	31	银行存款支出汇总											
10	31	原材料发出汇总表											
10	31	水电费汇总表											
10	31	职工薪酬汇总表											
10	31	折旧费用汇总表											
10		实际费用合计											
10		脱离计划差异											

表 2-11-11　　　　　　　　　金川机械产品成本明细账
第一车间　A 半成品　　　　　　2024 年 10 月　　　　　　　　　　　　　　　单位:元

月	日	摘要	直接材料（原料+辅助材料）	动力	直接人工	制造费用	成本合计
9	30	月初在产品	25 220				25 220
10	31	本月生产费用					
10	31	合计					
10	31	完工半成品（75 000 千克）					
10	31	月末在产品（5 000 千克）					

表 2-11-12　　　　　　　　金川机械半成品收入汇总表
　　　　　　　　　　　　　　　2024 年 10 月　　　　　　　　　　计划单位成本:10 元

半成品来源	收入数量（千克）	计划成本	实际成本
第一车间	75 000		

表 2–11–13　　　　　　　金川机械半成品发出汇总表

半成品名称：A　　　　　　　2024 年 10 月　　　　　　　计划单位成本：10 元

半成品用途		领用数量（千克）	计划成本	成本差异率（-0.8%）	实际成本
甲产品	定额	72 000		—	
	差异	500		—	
	实际	72 500			
1001 批　乙产品	实际	2 000			
合　　计		74 500			

表 2–11–14　　　　　　　金川机械半成品库明细账

A 半成品　　　计量单位：千克　　　2024 年 10 月　　　　　　计划单位成本：10 元

月份	月初余额			本月增加			合计			本月减少		
	数量	计划成本	实际成本	数量	计划成本	实际成本	数量	计划成本	实际成本	数量	计划成本	实际成本
10	5 000	50 000	48 850									
11												

表 2–11–15　　　　　　　金川机械制造费用明细账

第二车间　　　　　　　　2024 年 10 月　　　　　　　　　　单位：元

月	日	摘　要	职工薪酬	机物料消耗	折旧费	修理费	水电费	劳动保护费	办公费	材料成本差异	其他	合计	转出
10		费用计划	10 500	32 000	57 620	5 100	5 250	11 800	3 500		5 000	130 770	
10	31	银行存款支出汇总											
10	31	原材料发出汇总表											
10	31	水电费汇总表											
10	31	职工薪酬汇总表											
10	31	折旧费用汇总表											
10		实际费用合计											
10		脱离计划差异											

表 2-11-16　　　　　　　　金川机械职工薪酬及其他费用分配表
第二车间　　　　　　　　　　　　2024 年 10 月　　　　　　　　　　　　　　　　　　单位：元

项　目		实用工时	动力	直接人工	制造费用
应配金额		48 000	15 000	197 220	129 600
分配率					
甲产品	定额	—			
	差异	—			
	实际				
1001 批 乙产品		实际			
合　计					

表 2-11-17　　　　　　　　金川机械月初在产品定额调整计算表
第二车间　　甲产品　　　　　　　2024 年 10 月　　　　　　　　　　　　　　　　　　单位：元

成本项目	计划单价	定额变动（千克）				在产品数量（件）	定额调整	
		变动前数量	变动后数量	变动数量	变动金额		数量	金额
半成品	10	93	90					
主要材料	5	72	70					

表 2-11-18　　　　　　　　金川机械产品定额总成本计算表
车间名称：第二车间　　产品名称：甲产品　　2024 年 10 月　　　　　　数量：820 件　单位：元

成本项目	半成品	主要材料	动力	直接人工	制造费用	合　计
单位成本	900	350	15	200	140	1 605
总成本						

表 2-11-19　　　　　　　　金川机械产品成本明细账
车间名称：第二车间　　　　　　　2024 年 10 月　　　　　　　　　　　　单位：元
产品批号：1001　　　　　　　　　　　　　　　　　　　　　　　　　　　投产日期：10 月 10 日
产品名称：乙产品　　　　　　　　　产量：20 件　　　　　　　　　　　完工日期：10 月 30 日

月	日	摘要	半成品	主要材料	动力	直接人工	制造费用	合计
9	30	月初在产品	17 586	6 474	2 170	28 420	19 250	73 900
10	31	本月生产费用						
10	31	合计						
10	31	产成品成本						

实训十一 定额法模拟实训

表 2-11-20　　　　　　　　　金川机械产品成本明细账

车间名称：第二车间　　　　　　　2024 年 10 月
产品名称：甲产品　　　　　　　　产量：820 件　　　　　　　　　　　　　　　单位：元

成本项目	月初在产品成本		月初在产品定额变动		本月生产费用			生产费用累计			
	定额成本	脱离定额差异	定额成本调整	定额变动差异	定额成本	脱离定额差异	材料成本差异	定额成本	脱离定额差异	材料成本差异	定额变动差异
	(1)	(2)	(3)	(4)	(5)	(6)	(7)	(8)=(1)+(3)+(5)	(9)=(2)+(6)	(10)=(7)	(11)=(4)
半成品											
主要材料											
动力											
直接人工											
制造费用											
成本合计											

成本项目	在产品盘亏毁损损失	脱离定额差异分配率	本月产成品成本					月末在产品成本		
			定额成本	脱离定额差异	材料成本差异	定额变动差异	实际成本	定额成本	脱离定额差异	
		(12)=(9)÷(8)	(13)	(14)=(13)×(12)	(15)=(10)	(16)=(11)	(17)=(13)+(14)+(15)+(16)	(18)	(19)=(18)×(12)	
半成品										
主要材料										
动力										
直接人工										
制造费用										
成本合计										

表 2-11-21　　　　　　　　　金川机械产品成本汇总表

2024 年 10 月　　　　　　　　　　　　　　　　　　　　　　　　单位：元

产品名称	单位	数量	实际总成本
甲产品	件	820	
乙产品	件	20	
合　　计			

实训十二
作业成本法模拟实训

一、实训目的

- 理解作业成本法的特点和适用条件。
- 通过本案例的实训,理解并掌握作业成本法与传统成本法的结合运用。
- 培养学生能够独立思考问题和有创造性地发表个人意见的能力。

二、实训资料

生产概况:

海虹制造有限公司2024年8月大量生产A、B两种产品。生产分为两个步骤,分别由一车间和二车间进行。一车间是机加工(包括设备调整作业、加工作业、检验作业、车间管理作业),一车间为二车间提供半成品,二车间组装(主要包括组装、车间管理等)。二车间将半成品组装成为产成品。该厂为了加强成本管理,采用逐步结转分步法按照生产步骤(车间)计算产品成本,各步骤在产品的完工程度为本步骤的50%,材料在生产开始时一次投入,该企业不设半成品库,一车间完工半成品直接交由二车间组装。相关数据资料如下:

1. 各车间2024年8月有关产品产量的资料见表2-12-1。

表2-12-1　　　　　　　　海虹制造产品产量资料表

车间:一、二车间　　　　　　2024年8月　　　　　　单位:件

产品名称	月初在产品	本月完工	月末在产品
一车间——A	300	600	200
一车间——B	200	400	200
二车间——A	100	600	100
二车间——B	150	350	200

2. 该企业只生产 A 和 B 两种产品，目前试行作业成本法。

3. 一车间（机加工车间）采用作业成本法计算产品成本。公司管理会计师划分了下列作业及成本动因（见表 2-12-2）。

表 2-12-2　　　　　　　海虹制造一车间作业及成本动因分析表

作　业	作业动因
设备调整作业	调整次数
加工作业	机器工时
检验作业	检验次数
车间管理作业	分摊的办法，按照承受能力原则，以各种产品生产所占用面积为分配基础

根据一车间材料分配表，2024 年 8 月一车间 A 产品领用的直接材料成本为 170 000 元，B 产品领用的直接材料成本为 138 000 元。由于一车间实行的是计时工资，人工成本属于间接成本，并已将人工成本全部分配到各有关作业中，所以没有直接人工成本发生。根据一车间工薪分配表、固定资产折旧计算表、燃料和动力分配表、材料分配表及其他间接费用的原始凭证等将当期发生的费用登记到"作业成本"账户及其所属明细账户，见表 2-12-3。

表 2-12-3　　　　　　　海虹制造"作业成本"账户及其所属明细账

车间：一车间　　　　　　　　　　　2024 年 8 月　　　　　　　　　　　单位：元

项　目	根据有关凭证记录的费用发生额					
	职工薪酬	折旧	动力费用	水电费	机物料消耗	合　计
设备调整作业	5 000	20 000	5 000	6 800	8 000	44 800
加工作业	20 000	50 000	94 000	48 000	30 000	242 000
检验作业	6 000	22 000	5 500	7 000	9 000	49 500
车间管理作业	7 000	30 000	9 000	10 000	14 000	70 000
合　　计	38 000	122 000	113 500	71 800	61 000	406 300

一车间 2024 年 8 月生产 A 和 B 两种产品的实际耗用作业量见表 2-12-4。

表 2-12-4　　　海虹制造一车间 2024 年 8 月生产 A 和 B 两种产品的实际耗用作业量

作业动因	A	B	合　　计
调整次数	5	11	16
机器工时	15 000	7 000	22 000
检验次数	60	30	90
经营占用面积	16 000	12 000	28 000

8 月份一车间预算分配率的相关资料见表 2-12-5。

表 2 – 12 – 5　　　　　　　海虹制造 2024 年 8 月一车间预算分配率

项目	预算分配率
设备调整作业	2 500
加工作业	10
检验作业	600
车间管理作业	3

4. 二车间实行传统成本法的相关资料（略）。
5. 8月有关成本计算账户的期初余额见表 2 – 12 – 6、表 2 – 12 – 7。

表 2 – 12 – 6　　　　　海虹制造一车间产品成本明细账期初余额　　　　　单位：元

	直接材料成本	作业成本	合计
一车间——A	7 600	24 500	32 100
一车间——B	72 000	18 600	90 600

表 2 – 12 – 7　　　　　　海虹制造二车间产品成本明细账　　　　　　　　单位：元

		直接材料	直接人工	制造费用
月初余额	A 产品	14 800	8 000	8 000
	B 产品	29 680	12 000	22 000
本月发生额	A 产品		32 300	64 150
	B 产品		64 500	57 200

产品成本计算：

按预算作业成本分配率分配作业成本，实际与预算的差异采用调整法分配计入各产品成本中，计算填列一车间 A 产品和 B 产品的成本计算单；按照逐步结转分步法计算填列二车间 A 产品和 B 产品的成本计算单。在这个案例中，企业是通过两个步骤来生产产品的，企业的一车间负责半成品的生产。一车间生产完工半成品直接转入二车间进行生产。由于该企业一车间的间接费用所占比重较大、产品生产工艺复杂，所以采用作业成本法分配基础；二车间的制造费用的数额相对较小，且其发生与直接人工成本高度相关，因而采用传统成本计算方法。

三、实训要求

1. 编制一车间 A、B 两种产品半成品的生产成本计算单（见表 2 – 12 – 8、表 2 – 12 – 9）。

表 2-12-8   海虹制造一车间半成品成本计算单

产品名称：A 产品   2024 年 8 月 31 日   单位：元

项　　目	产量	直接材料	直接人工	作业成本	合　计
月初在产品					
本月生产费用					
合计					
分配率					
完工产品成本					
月末在产品成本					

表 2-12-9   海虹制造一车间半成品成本计算单

产品名称：B 产品   2024 年 8 月 31 日   单位：元

项　　目	产量	直接材料	直接人工	作业成本	合　计
月初在产品					
本月生产费用					
合计					
分配率					
完工产品成本					
月末在产品成本					

2. 按照逐步结转分步法计算填列二车间 A 和 B 两种产品的完工产品成本计算单（见表 2-12-10、表 2-12-11）。

表 2-12-10   海虹制造二车间完工产品成本计算单

产品名称：A 产品   2024 年 8 月 31 日   单位：元

项　　目	产量	直接材料	直接人工	制造费用	合　计
月初在产品					
本月生产费用					
合计					
分配率					
完工产品成本					
月末在产品成本					

表 2-12-11　　　　　　　　海虹制造二车间完工产品成本计算单

产品名称：B 产品　　　　　　　　　2024 年 8 月 31 日　　　　　　　　　　　　　　　单位：元

项　目	产量	直接材料	直接人工	制造费用	合　计
月初在产品					
本月生产费用					
合计					
分配率					
完工产品成本					
月末在产品成本					

3. 对二车间 A 产品和 B 产品的完工产品分别按一车间本月所产半成品成本项目的构成比率进行还原（见表 2-12-12、表 2-12-13）。

表 2-12-12　　　　　　　　海虹制造 A 产品成本还原表　　　　　　　　　　　单位：元

	半成品	直接材料	直接人工	作业成本	合　计
还原前					
上步骤所产半成品成本					
还原率					
半成品还原					
还原后					

表 2-12-13　　　　　　　　海虹制造 B 产品成本还原表　　　　　　　　　　　单位：元

	半成品	直接材料	直接人工	作业成本	合　计
还原前					
上步骤所产半成品成本					
还原率					
半成品还原					
还原后					

4. 结合案例总结如何将作业成本法与传统成本法相结合运用。

实训十三
产品成本报表的编制与分析模拟实训

一、实训目的

- 理解和掌握成本报表分析的程序和分析方法。
- 理解和掌握各种成本报表的内容结构、编制方法和运用各种分析方法分析各种成本报表。
- 培养学生独立思考问题和分析问题的能力。

二、实训资料

生产概况：

美华制造股份有限公司2024年生产甲、乙、丙、丁四种产品，其中甲、乙两种产品为老产品（即可比产品），丙、丁两种产品为新产（即不可比产品），2024年度全部产品生产成本表有关资料如下：

1. 美华制造股份有限公司2024年12月全部产品生产成本表（按产品种类反映），见表2-13-1。

表2-13-1　　　　　全部产品生产成本报表（按产品种类反映）

编制单位：美华制造股份有限公司　　　2024年12月　　　　　　　　　　单位：元

产品名称	计量单位	实际产量		单位成本				本月总成本			本年累计总成本	
		本月	本年累计	上年实际平均	本年计划	本月实际	本年累计实际平均	按上年实际平均单位成本计算	按本年计划单位成本计算	本月实际	按上年实际平均单位成本计算	按本年计划单位成本计算	本年实际
		(1)	(2)	(3)	(4)	(5)=(9)÷(1)	(6)=(12)÷(2)	(7)=(1)×(3)	(8)=(1)×(4)	(9)	(10)=(2)×(3)	(11)=(2)×(4)	(12)
可比产品合计						17 280	17 040	16 600	168 700		166 350	164 700	

续表

产品名称		计量单位	实际产量		单位成本				本月总成本			本年累计总成本	
			本月	本年累计	上年实际平均	本年计划	本月实际	本年累计实际平均	按上年实际平均单位成本计算	按本年计划单位成本计算	本月实际	按上年实际平均单位成本计算	按本年计划单位成本计算	本年实际
			(1)	(2)	(3)	(4)	(5)=(9)÷(1)	(6)=(12)÷(2)	(7)=(1)×(3)	(8)=(1)×(4)	(9)	(10)=(2)×(3)	(11)=(2)×(4)	(12)
其中	甲	件	40	350	82	81	80	82	3 280	3 240	3 200	28 700	28 350	28 700
	乙	件	20	200	700	690	670	680	14 000	13 800	13 400	140 000	138 000	136 000
不可比产品合计										3 000	3 040		39 600	39 870
其中	丙	件	10	130		120	118	119		1 200	1 180		15 600	15 470
	丁	件	6	80		300	310	305		1 800	1 860		24 000	24 400
全部产品										20 040	19 640		205 950	204 570

补充资料：

① 可比产品成本本年计划降低额为 2 120 元；

② 可比产品成本本年计划降率为 1.3925%；

③ 按现行价格计算的商品产值 684 000 元；

④ 本年计划产值成本率为 30 元/百元。

2. 美华制造股份有限公司 2024 年 12 月全部产品生产成本表（按成本项目反映），见表 2-13-2。

表 2-13-2　　　　　　全部产品生产成本表（按成本项目反映）

编制单位：美华制造股份有限公司　　　2024 年 12 月　　　　　　　　　　单位：元

项　目	本年计划数	本月实际数	本年累计实际数
生产费用			
直接材料	91 980	8 977	93 840
直接人工	51 100	4 393	48 960
制造费用	61 320	5 730	61 200
生产费用合计	204 400	19 100	204 000
加：在产品、自制半成品期初余额	13 730	2 780	12 660
减：在产品、自制半成品期末余额	12 180	2 240	12 090
产品成本合计	205 950	19 640	204 570

3. 美华制造股份有限公司2024年度可比产品成本降低计划表，见表2-13-3。

表2-13-3　　　　　　　　　　可比产品成本降低计划表　　　　　　　　　　单位：元

可比产品	全年计划产量（件）	单位成本		总成本		计划降低指标	
		上年实际平均	本年计划	按上年实际平均单位成本计算	按本年计划单位成本计算	降低额	降低率%
甲	320	82	81	26 240	25 920	320	1.2195
乙	180	700	690	126 000	124 200	1 800	1.4286
合计	—	—	—	152 240	150 120	2 120	1.3925

4. 美华制造股份有限公司2024年度计划利润总额为51 487.5元，本月实现的利润总额为4 320.8元，本年累计实现的利润总额为55 233.9元。

三、实训要求

1. 计算美华制造股份有限公司2024年度可比产品成本降低额和降低率以及产值成本率。

2. 对全部产品成本计划的完成情况进行总括评价并分析可比产品成本降低计划的完成情况。

3. 计算并分析美华制造股份有限公司2024年度有关成本项目构成比率和成本利润率。

参考书目

1. 王俊生，黄贤明编著. 成本会计. 2版. 北京：中国人民大学出版社，2011.
2. 李坤明，黄贤明编著. 成本会计模拟实训. 2版. 北京：中国人民大学出版社，2011.
3. 于富生，王俊生主编. 成本会计学教师用书. 北京：中国人民大学出版社，2002.
4. 王俊生主编. 成本会计配套习题集. 3版. 北京：中国财政经济出版社，2007.
5. 蒋义主编. 企业成本控制手册. 北京：立信会计出版社，2009.
6. 姜上泉主编. 生产成本管理细化量化与过程控制. 广东：广东经济出版社，2009.
7. Charles T. horngren 等. Cost Accounting. 12th, Pearson Education, Inc. 2005.
8. 财政部. 国家税务总局. 关于全面推开营业税改征增值税试点的通知（财税〔2016〕36号），2016-03-23.
9. 财政部. 增值税会计处理规定（财会〔2016〕22号），2016-12-03.
10. 财政部企业会计准则委员会. 企业会计准则应用指南2017年修订版. 上海：立信会计出版社，2018.
11. 王俊生，黄贤明编著. 成本会计. 五版，北京：中国人民大学出版社，2021.
12. 黄贤明编著. 成本会计模拟实训. 五版，北京：中国人民大学出版社，2021.
13. 财政部，税务总局，海关总署. 关于深化增值税改革有关政策的公告（2024年第39号），2019-04-01.
14. 财政部. 关于印发《管理会计应用指引第100号——战略管理》等22项管理会计应用指引的通知（财会〔2017〕24号）. 2017-09-29.
15. 企业产品成本会计编审委员会. 企业产品成本会计核算详解与实务（2020年版）. 北京：中国工信出版集团，人民邮电出版社，2020.